JN079139

ボビー・ジョーンズ ゴルフのすべて

Bobby Jones on Golf

CHOICE 選書

もくじ

Photo /Aflo

ボビー・ジョーンズ ゴルフのすべて

ボビー・ジョーンズは二十八歳という若さで公式競技から引退したが、その前の八年間に、二つの大国、すなわちイギリスとアメリカで出場したナショナル・チャンピオンシップの六割強で優勝した。彼が手中にした十三のタイトルのうち、四タイトル——両国のオープンおよびアマチュア・チャンピオンシップ——は同一シーズンに獲得したもので、この快挙はいわゆるグランドスラムとして知られている。ジョーンズ以前も以後も、この記録の達成に近づいたゴルファーはアマチュアにもプロにもいないし、正気の人間なら今後その記録に近づく者が現れるなどとは想像もしないだろう。

ボビー・ジョーンズはその八年間ほとんどゴルフばかりしていたに違いない、と考えるのが人情というものである。ところが実際には、これらのチャンピオンシップを戦った期間に、彼が負かしたプレーヤーの大部分よりも少ない数の公式ゴルフしかしていない。それでいて負かす価値のあるプレーヤーをことごとく負かしたのである。

ウォーカー・カップ・マッチのためにスコットランドかイングランドへ旅をし、その地にいる間にイギリスのチャンピオンシップを戦った三シーズンを除いて、トーナメント・シーズンのほとんどを、父親や何人かの仲間と和気藹々《あいあい》のマッチを楽しみながら過ごした。場所はアトランタにあったホーム・クラブ、イースト・レイクであり、アトランタにおける彼の関心と活動はゴルフを超えて広い範囲に及んでいた。しばしば何カ月もゴルフ・クラブを手にしないことさえあった。そのかわりジョージア工科大学で機械工学を学び、ハーバードで英文学の学位をとり、不動産業に手を染め、エモリー大学の法学大学院に入学した。二年目の途中で州の司法試験を受けて合格したので、退学して弁護士を開業した。こうしたコース外での活動に時間をとられて、ジョーンズがトーナメントやチャンピオンシップでプレーしたのは、せいぜい年間平均三カ月というところだった。

となると、要するにジョーンズはまぎれもないゴルフの天才であり、いかなる場合でもコースに出ると、まるでクラブを彼の想像力の従順な延長部分であるかのように扱うことができた、と考えたくなるのもまた人情だろう。なんといっても、ジョーンズは極度の重圧のもとでもスコア・カードに連続七つの3を並べ、40ヤードのパットを沈め、コース・レコードを出した翌日みずからそれを塗りかえることができるし、実際にそれをやってのけたゴルファーだった。しかし、その半面、18ストロークというほとんど信じがたいリードで首位に立ってメジャー・トーナメントの最終三ホールを迎えながら、大崩れして4オーバー・パーに終るゴルファーでもあった。ほぼ優勝確実なアマチュア・チャンピオンシップに出場するために、カリフォルニアまでノンストップの列車の旅をして、一回戦でだれ一人名前を聞いたこともない相手に負けてしまったこともあった。アメリカでもトップクラスのプロたちを負かした一時間後に、神経をすりへらして泣きだしてしまうこともあった。要するにボビー・ジョーンズは、その競技生活の間の新聞の見出しから想像されるよりもはるかに人間的な人物だった。

スポーツライターたちの間でさえ、ジョーンズはヒーローが選りどり見どりだった十年間、すなわちルース（野球）、グレンジ（フットボール）、デンプシー（ボクシング）、ティルデン（テニス）、サンド（競馬）、ワイズミュラー（水泳）、それにもちろんウォルター・ヘーゲンなどが活躍した十年間の、類《たぐい》まれなヒーローだった。光り輝く端正な容貌、桃の木から花を散らすほど魅力的な人柄、彼より倍も年上の人間にこそふさわしい思慮深い優雅さをそなえていた。（彼以外のだれが、当時はだれ一人正当に評価できなかった空前絶後の大記録を立てたあと、わずか二十八歳で引退するだろうか？）しかし、ジョーンズを同時代のすべてのスポーツマンたち、ジョーンズ以前または以後のすべてのゴルファーたちと別格の存在にしていたのは、その教養知識でもなく（それも大いにあずかってはいたが）、謙虚さでもなく（それも無関係ではなかったが）、生まれつきの才能（それなしにはわれわれは本書を読むという特権に恵まれなかったかもしれない）でもなかった。

　彼が別格だったのは、もしもあなたが本書以前の多くのゴルフ書――その著者たちは、ジェイムズ一世が欽定訳聖書を執筆していないのと同じように、それらを自分では書いていない――の甘言や詭弁《きべん》を、我慢しながら読み通したことがあるとすればわかっているはずの、途方もなく奥深いゴルフというゲームへの深い洞察のゆえであった。まだ二十代という若さでさえ、彼はすでに事実上近代ゴルフの発明者であるエドワード七世時代のイギリス人、ハリー・ヴァードン以来の最も知的なゴルファーであり、知的ゴルファーという点でジョーンズ以降のゴルファーで彼に匹敵するのは、おそらく成熟期のベン・ホーガンただ一人だった。

　この途方もなく複雑なゲームを、彼ほどみごとに常識に換えてしまったプレーヤーはほかにいない。ジョーンズ以前の長い間、パットはホールに届かなければ入らない、すなわちネバー・アップ、ネバー・インといわれてきた。今でもまだ才能に恵まれたゴルファーのなかに、この説を額面通りに受けとって、その奥の意味に気づかない者がいる。しかし、ジョーンズはそれに気づいていた。「もちろん」と、彼はいっている。「われわれはラインに乗っていながらショートしたボールがカップに入った例を知らない。しかし、カップの先まで転がったボールはカップに入らなかったことを知っている」。ゆえにジョーンズは常にパットがホールで〝力尽きる《ダイ》〟ようにプレーした。

ゴルフの長い長い歴史のなかで神に祝福された出来事のひとつは、ジョーンズの生まれながらの才能と深い洞察が頂点にあった時期、すなわち一九二七年から三五年の間に、ゴルフに関する自分の考えを綿密な日記の形で書き残さなくてはならなかったことである。この期間、彼はベル・シンジケートのために、週に二本のコラムを執筆する契約を結んでいた。それらのコラムは全部合わせるとふつうの長さの小説五冊分の量に達した。わたしは本書の編集者として、その分量を今読者が手にしている八万語余りに縮める仕事を主として受けもった。その仕事をしながら、わたしは自分が《リーダーズ・ダイジェスト》のカメラマンと同じくらい無用の人間と感じたものだった。ほとんどどの部分を八万語余り残したとしても、わたしがそれまでに読んだどんなゴルフ書よりもすぐれた一冊が出来あがっていたことだろう。これらのコラムはどれもみな申し分なく明快だったので、わたしが残そうとした部分は不滅の真理だった。その例をいくつか挙げてみよう。

学習について、「ゴルフはわたしの知るかぎり、長くやればやるほど難しくなる唯一のゲームである」

風のなかのプレーについて、「向い風はゴルフ・コースの一部と考えるべきである――その分だけ距離がのびたと思えばよい」

36ホールのマッチについて、「18ホールがゴルフの〝ワン・ラウンド〟を構成することはわたしも認める。しかしこれは意図したものというより偶然の結果なのだから、18ホールをゴルフの〝妥当なテスト〟と認めなければならない理由はない」

チャンピオンシップの重圧について、「人は常に、正確にそれがなんであり、どこにあるかもわからないままに、自分があるものから逃げていると感じる」

タイミングについて、「ゴルフ・クラブをゆっくり振りすぎる人間はどこにもいない」

わたしが傑作と考えたものの編集を終えると、ジョーンズはその原稿を受けとり、何カ月もかけてかつて自分が書いた文章のすべてのチャプター、パラグラフ、センテンス、フレーズを詳細に点検し、三十年たっても自分が真にいいたかったことが色あせていないことを確認した。彼と違ってわたしが十三のナショナル・チャンピオンシップを獲得できなかった理由は数多いが、この仕事を終えてまたひとつ新たな理由を発見したような気がしている。

これは一気に通読する類の本ではない——途中でやめられればの話だが。だがどのような読み方をするにせよ、しっかり読んでいただきたい。万巻のゴルフ書のなかで、本書以上に読んで報《むく》われるところの大きい本はないと確信する。

チャールズ・プライス

まえがき

本書は多くのセクションから成り立ち、その集合体がゴルフ概論を構成している。わたしは本書があらゆるクラスのゴルファーにとって有益であることを望んでいる。すなわちゴルフの熱心な生徒がプロの教えをよりよく理解すると同時に、この教えを受ける準備をするのを助け、ゴルフの上達を望んではいるがきちんとレッスンを受ける時間がない人々の力になり、ラウンド前またはラウンド後に数分間ひもとく一種の参考書として役立つことがわたしの願いである。本書が現実を前にして役立つガイドになると同時に、トラブルが続出した一日のあとで慰めと欠点の矯正となることをわたしは望んでいる。

ゴルフの上達に関する会話の大部分は、すばらしいスコアを出すトーナメント・プレーヤーたちに集中する。好スコアの大部分は、道具の改良とゴルフ・コースの整備の改善によって説明できるとはいうものの、少なからぬ部分は、正しいテクニックの基本がより多くの人々に理解され、聡明な若者たちが熱意を持ってゴルフに取り組んでいるおかげである。

しかしながらわたしにとってそれ以上に印象深いのは、方々のカントリー・クラブやパブリック・コースで目にするかぞえきれないほどのすばらしいプレーヤーたちである。いわゆるアベレージ・ゴルファーのスコアは、昔と違ってもはや90から100の間といったレベルではないように思える。

わたしの知るかぎり、第一級のプレーヤーたちと第一級のレッスン理論を世に知らしめようとする最初の試みは、一九三五年ごろ、A・G・スポルディングと彼の巡業一座および映画『キーストン・オブ・ゴルフ』によっておこなわれた。やがてさまざまなメーカーに雇われた有名プレーヤーたちによって、クラブやパブリック・コースでおこなわれたゴルフ・クリニックがそれに続いた。PGA（プロゴルフ協会）とUSGA（全米ゴルフ協会）が、何年も前からゴルフ・クラブおよびその他の関連グループで見られるゴルフ・フィルムの巡回図書館を運営してきた。より最近では、テレビが世界のベスト・プレーヤーたちを家庭で見るチャンスを提供した。これらすべてが、ゴルフ・スウィングの理解を広く普及させるうえで、永続的な影響力を持っていたに違いない。今やアベレージ・ゴルファーでさえ博識な評論家である。

このアベレージ・ゴルファーと同じように、わたしもゴルフの流れに取り残されることなく、毎年のマスターズ・トーナメントや前述したテレビ番組を通じて、一流プレーヤーたちの理論を知ることができた。

おそらくわたしは昔自分が一緒にプレーした人たちのことをよく知っていたのと同じくらい、今日のプレーヤーたちの大部分についてもよく知っている。したがってわたしは、ハリー・ヴァードンに始まって、ゲーリー・プレーヤー、ジャック・ニクラス、アーノルド・パーマー等、現代のリーダーたちにいたる今世紀の名プレーヤーたちとともにプレーし、あるいは彼らのプレーをつぶさに観察してきた、といっても過言ではない。

わたしがこれまでに書いたゴルフ・スウィングは、一部の人たちによって、〝クラシック〟なスウィングと評されてきた。しかし実際には、ショットをおこなうときの、完全に正しい連続した動きはたったひとつしかない。永年ゴルフというゲームを微細に観察してきた結果、この事実を確信するにいたったし、さらに人体の特性という制約を考えるならば、将来この連続した動きの有効性を否定するようないかなる方法も発見されないだろうとも確信している。

個人教授または文章によってゴルフを教えるのは容易ではない。よいプレーをするためには、プレーヤーは正しいストロークの感覚を身につけなくてはならない。彼は自分自身を客観的に見ることができないので、筋肉の動きから生じる感覚をガイドとするしかない。しかし、感覚を説明するために使わざるをえない言葉は、必然的に漠然としていて、人によって異なる解釈をされるおそれがある。だから筋肉の動きの感覚を、相手が即座に理解するものと確信して説明することはだれにもできない。わたしはこの理由で、あらゆるゴルフ・レッスンにおいて、同じ動きを何度もくりかえして説明する一方で、表現方法や用語を変えて理解させることが必要だと考えている。ある表現で述べられた教師の教えを理解できなかった生徒が、別の表現なら理解できた、ということがよくある。

クラブを振り、ボールを打つ機械的な手順を説明するだけで終りにするのは、役に立たないどころかもっとたちが悪い。生徒にとって、教師が命令する正しい姿勢の連続でクラブを振ることはおそらく不可能だろう。

スウィングは一瞬のうちに終ってしまうので、意識的にコントロールしようとしても無理である。にもかかわらず、すぐれたプレーヤーは自分のスウィングを充分に理解していなければならないから、正しい動きにせよ間違った動きにせよ、起こりうるすべての動きから生じる結果を知っていなければならない。もちろん、この手順はほとんど終りのない議論や憶測を招く可能性があるが、要するにゴルフとはそういうゲームなのである。

わたしにとって、ゴルフはいくら語っても語り尽くせないテーマである。ゴルフ・スウィングについて書く必要のあるすべての言葉をだれかが残らず書いてしまうなどということはとうてい考えられない。

一九二七年から一九三五年まで、わたしは日刊紙コラムを毎週二本と、『ジ・アメリカン・ゴルファー』やその他の出版物のための原稿を執筆した。一九二七年にはO・B・キーラーとの共著で一冊の本を作りあげた。一九三一年と三二年には、ワーナー・ブラザース製作の一巻ものの映画十八本のために技術解説を書き、みずから主演した。そして一九三五年にはグラントランド・ライスがA・G・スポルディングのために製作した映画の台本を執筆した。これらを総計すると、ゴルフについて少なくとも約五十万語は書いたものと推定される。

その内容はプレーヤーとしてのわたし自身の経験と、多くのプレー仲間の観察から引きだされたものである。レッスン書を書くというわたしの試みが、ゴルフ文献にまったく新しいなにかをつけくわえたとか、それらがいかなる意味でも決定的なものだとかいうつもりはない。しかしながら、偉大なプレーヤーたちを引き続き観察した結果、依然として自分の信念を変える必要を感じなかったし、今日にいたってもなお、わたしが三十年以上も前に書いたことが、話された言葉で、あるいは印刷された文字で、わたしの目や耳に入るということは、とても重要なことのように思える。わたしはそのことに文句をいっているのではない。それどころか、自分の考えが今日の一流プレーヤーやライターたちによって裏づけられたことをうれしく思っている。重要なのは、もちろん効果的なゴルフ理論のメカニックスはいつの時代でも不変であると、今日でも広く理解されているという証拠である。表面的な条件はいくらか変ったかもしれないが、基本は依然として不変である。

現代の一流プロたちが、わたしが説明したクラシック・スウィングから逸脱しているように思われる基本的部分が一ヵ所だけある。それはフル・ショットをするときのバックスウィングの長さである。今日のプレーヤーは共通して左手でクラブをしっかり握り、かつてわたしがやったように、上から下への切り返しをスムーズにするために、トップ・オブ・スウィングの近くでグリップをゆるめるということをしない。その結果、現代のバックスウィングは昔よりも短くなり、それに比例してボールへの戻りがより力の入ったものとなる。短いバックスウィングから強くボールを打つことは、スチール・シャフトがゴルフ・クラブをより敏感に反応する道具にしたからこそ、初めて可能になった。

わたしはいまだにアベレージ・ゴルファーには深いバックスウィングのほうが望ましいと考えている。そのほうがボールをヒットする前にスピードを増すための時間を、より多く彼に与えるからである。

スチール・シャフトはボールをより遠くへ飛ばす力を生みだし、さまざまなウェッジ類がこの飛距離を利点に変えるのを助けた。一九三二年にジーン・サラゼンのおかげで初めてポピュラーになったサンド・ウェッジは、間もなくグリーンサイド・バンカーからのショットを、長いアプローチ・パットやグリーン・エッジからのチップ・ショットなみの、恐怖心を伴わないショットに変えた。間もなくピッチング・ウェッジが出現し、トーナメント・プレーヤーたちはそれによって寸分も狂わぬ正確性を身につけた。今や飛距離の増大は、ほどほどの長さのパー4ならドライバーとウェッジで届くし、バンカーは恐るるにたらないという具合で、ひじょうに大きな意味を持つようになった。

遠くへ飛ばそうとする誘因が生じ、プレーヤーたちは距離を手に入れた。しかし短くなったバックスウィングはボールをより強く叩く打ち方に結びつき、この強い力の大部分を脚と腰から引きださなければならないので、より遠くへ飛ばすプレーヤーたちの多くは、しばしばストロークを開始したときのスタンスを崩してスウィングすることになる。こういうプレーヤーたちには、昔のゴルファーが大切にした優雅さとバランスは望むべくもないが、全長7000ヤードを優に超えるコースを相手にしている彼らを非難することは難しい。

わたしが本書を刊行することにしたきわめて利己的なひとつの理由は、自分が永年にわたって表明してきた、ゴルフのプレーに関する最も重要な考え方と信じるものを、一冊の本の形にまとめあげることだった。目下これらの古い文章は、新聞社の資料室その他の、おそらく二度と陽の目を見る機会がない場所に埋もれている。その大部分を掘り起すことに成功したので、読みなおしてみて、復活させる価値があると判断したものを選びだすことにした。

この取捨選択を手伝ってもらうと同時に、偏見にとらわれない批評家の目を生かしてもらうために、わたしにとってはまことに幸福なことに、アンソロジー『ジ・アメリカン・ゴルファー』の編者であり、『ゴルフの世界』の著者であると同時に、ほかにも多くの著作を持つチャールズ・プライスの協力を得ることができた。チャーリーは才能ある多産なライターであるのみならず、経験豊富な編集者であり、第一級のゴルファーでもある。わたしは真に価値のない文章はひとつとして彼の検閲を免れなかったと信じている。もちろん、わたし自身はできるかぎり文章の原型を保ち、自分が必要と考える範囲内でしか書きなおしをしなかった。

本書に収録された文章は、わたしのゴルフが絶頂にあった時期、すなわち競技生活の最後の三年間と、映画を作り、レッスンに心血を注ぎ、規則的かつ集中的にプレーしたそれに続く三年間に、ゴルフのプレーに関して心から信じていた事柄を書いたものである。わたしの一生でそれほどゴルフについて考えた時期、あるいはそれほど正しい答えを見つけたいという動機を持っていた時期はほかになかったと思う。

うれしいことに、本書の厖大な量の原稿中に、現時点で内容の点で放棄しなければならないと思うものはほとんどなかった。必要と感じた書きなおしの大部分は、読みやすくするためにおこなわれたものだった。

さまざまなプレーヤーの方法論を比較検討する場合、固有の癖と基本の違いを知っておくことが常に必要である。最もすぐれたゴルファーたちの方法論を並べて置いてみると、かならず基本的な動きとその整然とした連続がみなきわめて似通っていることがわかる。それぞれがはっきり違って見えるのは固有の癖のためである。わたし自身は固有の癖と基本をつぎのように区別している。すなわち正しい基本の厳守と実行はよいフォームを作るし、固有の癖を通じて表現される個々の形は、そのプレーヤーのスタイルを作る。したがって人間の顔にまったく同じ顔が二つとないように、二人のすぐれたゴルファーがまったく同じに見えるということもない。実際、それらのゴルファーをいつも見なれていると、彼らの肉体的特徴と同じくらい容易にそのスウィングによっても識別できる。

ゴルフをよく知っている読者は、本書の記述にはくりかえしが多いことを発見するだろう。これらのくりかえしは、表現を少しだけ変えれば、最初はわからなかったこともわかるようになるかもしれないという考えのもとに、意図的におこなわれたものである。あるいはまた、初歩的な教えが多いことにも気づくだろう。本書はあらゆるレベルのプレーヤーの役に立つべく意図したものだから、明らかにそれが必要だった。上級のプレーヤーたちにとって目新しいことは少ないかもしれないが、その人たちでさえときおり本書を読むことによって何物かを得ることをわたしは願っている。

もう一度くりかえさせていただくが、わたしはゴルフを教える人のためのマニュアルまたはゴルフを学ぶ人のためのガイドを作ろうとしたのではなく、少なくとも半世紀にわたるゴルフへの献身のなかで、わたしがゴルフのプレーについて学んだことのエッセンスを一冊の本にまとめようとしたのである。

ボビー・ジョーンズ

装丁／副田高行

BOBBY JONES ON GOLF
by Robert Tyre Jones

Copyright ©1966 by Robert Tyre Jones,Jr.
Translation Copyright ©2009
This translation published by arrangement with Crown,
an imprint of Random House,
a division of Penguin Random House LLC, New York
through Tuttle-Mori Agency, Inc., Tokyo

第一部　技術編

第一章　ゴルフの基本

究極の目的

わたしは一九二六年の全米オープンの最終ラウンドに、オハイオ州コロンバスのサイオートでプレーしたショットを、しばしば深い満足感とともに思いだす。それは十三番ホールでのことだった。わたしはその直前に長い十二番ホールを4で上がり、二ホール前をプレーしていたジョー・ターネサが同じ十二番で6、そして十三番で5を叩いたことを知らされていた。その結果わたしはトップから二打差の位置にいたので、初めて優勝の望みが湧いてきた。もしも十三番を4で上がれれば、五ホール残して差はわずか一打に縮まる。

しかし十三番はその日向い風で、風に乗せて左から右へ戻すつもりで打ったスプーンの第二打が、意に反してまっすぐ左へ飛び、グリーン左のバンカーにつかまってしまった。ボールは後ろのエッジの近くにあって、バンカーの幅をまるまる越えなければグリーンに届かない。カップはバンカーのグリーン側のエッジからわずか10フィートか15フィートのところにあり、カップの6フィートほど先が斜面になっていて、ボールがマウンドの頂点を越えればあとは斜面をはるか遠くまで転がり落ちる、という状況だった。

この状況ではエクスプロージョン・ショットは役に立たない。バックスピンのかからないボールは、下り斜面の手前では絶対に止まらないからである。同様にボールがバンカーのグリーン側のエッジから遠すぎるので、チップ・ショットもできなかった。かといってカット打ちしてバックスピンをかける打ち方も危険だった。ライがあまりよくなくて、砂を取りすぎるとバンカーから脱出できない恐れがあったからである。

バンカーの土手が低くて、傾斜があまり急でなかったら、どうすべきであったか。実際には、高さが2フィート少々で、しかもなだらかだった。唯一のチャンスは転がして、ほどよいスピードで土手に当てることにあった。わたしは四番アイアンで打って砂の上を転がし、ボールが土手を駆け上がるのを見守った。運よくボールはグリーンの傾斜を下って、ホールの4フィート左で止まった。わたしはそれをワン・パットで沈めて胸を撫でおろした。

一般的に、このような性質のショットではさまざまな可能性を見のがす傾向があるように思う。たしかにバンカーのなかからボールを転がし上げるのは一見未熟で素人っぽく見えるかもしれないが、ときには体裁など構っていられないこともある。華やかなテクニックを人に見せたいという欲望がひきおこす失敗は、最も鋭敏な感覚を持つ人間をも緊張させる。ゴルフにおいてはホールに近づくことこそ究極の目的である。ラウンドが始まったら、とにかく結果を出すことが肝心で、ほかのことはどうでもよい。

記憶に残る名言

過去の最も偉大な二人のゴルファーといえば、それはイギリスのプロ、ハリー・ヴァードンとJ・H・テイラーで、二人合わせて全英オープンに十一回も勝っている。この二人がゴルフについて語った多くの名言のなかで、とりわけ二つがわたしに深い感銘を与えた。

「なにがあっても」と、かつてヴァードンはいっている。「ボールをしっかり打ち続けるべし」。実際、これこそわたしがトーナメントのラウンド中に思いだし、その教えを守ろうとした言葉だった。ヴァードンは無限の才能の持主だったが、そのなかの少なからぬ部分が彼の現実に即した物の考え方だった。

J・H・テイラーは、彼の知っているすべての偉大なゴルファーは、〝勇気ある慎重さ〟とでもいうべき資質をそなえていた、と語っている。この名文句は、ゴルファーなら上級者であろうとなかろうと、自分にそなわっているかもしれない機械的な能力を最大限に生かすために持たなければならない資質を、ずばりいい表している。彼は不運や失望に見舞われたときも努力し続ける勇気を持たなければならない、一打一打にひそむ危険性を認識して秤《はかり》にかけ、だれが見ても成功するチャンスのない賭けを思いとどまる慎重さを持たなければならない。疑いもなくこの組み合わせ自体のなかに、アベレージ・ゴルファーだけでなく競技ゴルファーにとっても理想的なゴルファー気質と考えられるほかの資質——決断力、集中力、果断など——が含まれている。

ゴルフ・クラブの感覚

ゴルフ・ボールをヒットすることに関して、神秘的な要素はひとつもない。実際、その実践面はもう少し複雑であるとはいえ、われわれは日常かぞえきれないほど遭遇するありふれた動きの原理以上のものを、ボールを打つときに利用しない。いったん正しい軌道に動きだせば、クラブは外部の力によって方向を変えられないかぎりそのコースをまっすぐ進み続ける性質がある。

アベレージ・ゴルファーがゴルフ・ストロークを考えるときに犯す最大の誤りは、クラブのシャフトをボールに物理的な力を伝える手段と考えることである。実際、シャフトはクラブ・ヘッドに速度を与える手段にすぎない。ドライバーの飛距離は、加えられる力の強さではなく、クラブ・ヘッドのスピードいかんで決まることに気がつきさえすれば、だれもが確実に上達する。問題はバールを曲げたり重い物を持ち上げたりする種類の力ではなく、むしろスピードなのである。

わたしはゴルフ・クラブを、たとえば紐のようなごく軽い媒体によって両手につながれた錘《おも》りと考えることを好むし、鞭を使うときとほぼ同じ動きで、その錘りをボールに向かって投げだしていると感じることを好む。この比喩によってわたしが伝えたいのは、物を打つときのしなやかですばやい手首の動き——殻竿《からざお》で穀物を打つときのような——である。

グリップについて

猟師は絶対に銃を傾けてはならないことを知っている。同じようにゴルファーは、成功するためにはスウィングの初めから終りまで両手とクラブ・フェースの間に不変の関係を保つ必要があることを知らねばならない。しかしながら、完全なリラクゼーションを求めるあまり、クラブをゆるく握りすぎるために、ごくわずかな抵抗が加わっただけでクラブが手のなかで回ってしまうことが少なくない。また、とても上手なプレーヤーが、トップ・オブ・スウィングで左手のグリップをゆるめすぎてショットをミスする光景もよく目にする。プレーヤーはアドレスで、クラブ上の一定の位置に両手を置いたら、その位置から手を動かしてはならない。グリップが強すぎると前腕の筋肉が緊張し、ストローク中、柔軟に動くべき両手が硬直してしまう。しかしグリップは体のどの部分も硬直させない程度に締まっていてもよい。

わたしの考えるストロークでは、リード役を果すのは常に左腕である。上手なプレーヤーを見ると、ほとんど例外なしに、ストロークを始動し、ボールをヒットする瞬間までストロークの方向をコントロールするのは左腕である。

この理由で、しっかりした左手のグリップは両手とクラブ・ヘッドの関係を維持するための正しい手段である。左腕はバックスウィングの間、まっすぐなままだから、より強いグリップによってひきおこされる前腕と手首の硬直は、ダウンスウィングでリラックスして左腕のリードをフォローしなければならない右腕よりは左のほうがダメージが少ない。右の手首と腕は、インパクトで頂点に達するスピードとパワーを生みだす主要な手段である。だから右の手首と腕はストロークを通じてリラックスしたままでなければならない。要するに左腕はスウィングの軌道を保つ役割を果し、右手はタイミングとタッチを分担する。

この順序を逆転して、右手で強く握り、左手で締まりのないグリップをするゴルファーは——右利きでゴルフ以外のゲームをプレーすることに慣れたビギナーには決して珍しい現象ではない——クラブをスウィング・バックするかわりに、手で肩まで持ち上げる。これだと腰と肩の充分な回転は得られないし、両腕が曲がった状態のトップ・オブ・スウィングの姿勢は、完全にバランスを欠いている。このプレーヤーが満足にボールをヒットできたとすれば、それは運がよかったからにすぎないと思われる。

アベレージ・ゴルファーは常に狭い道を歩いているという意識があり、道を踏みはずしてどちらか一方の側に転落することを恐れている。クラブを強く握った場合の、リスト・コックの効果が失われる危険と、リストに充分な柔軟性を持たせるほど軽く握った場合の、グリップがゆるんでしまう危険の板ばさみである。その中間で安全地帯を見つけなければならない。

注意しなければならないのは左手のグリップである。明らかに、ストロークをおこなう間にシャフトが手のなかで回ってはならない。だからグリップはしっかり締まっていなければならない。同じように明らかなのは、左のリストがコックされるとすれば、グリップが原因で手首の関節が少しでも硬直してはならないということである。

左手のグリップは、クラブのシャフトが掌に斜めに置かれるが、主として指で握られるべきである。アドレスの姿勢では、クラブは左手人差指の真んなかの関節の上に置かれるが、左手グリップの主役をつとめるのは中指、薬指、小指の三本でなければならない。

このようなフィンガー・グリップでは、グリップをゆるめることなしに前腕と手首をある程度リラックスさせることができる。クラブを掌で握った場合、クラブが手のなかで回らないように強く握ると、手首の関節が硬直してしまい、充分なコッキングが不可能になる。だが指で握ると、手を強く握りしめる必要がないばかりか、コッキングを助けるために手をわずかに開いてもグリップがゆるむ心配はない。

充分なバックスウィングをとろうとするときに、左の親指が邪魔にならないことが重要である。バックスウィングの長さが悪いグリップに緊張をもたらすとき、シャフトに沿って親指をスライドさせるプレーヤーが少なくない。とくにこの現象はアドレスで親指をシャフトの真上に置いたときに起きやすい。初めシャフトの真上にあった親指は、トップではシャフトの真下にくるために、過度の緊張を強いられる。親指を少し横にずらせば、この緊張を緩和したうえに、なおかつシャフトが親指と人差指でできたV字のなかにずれこむのを防ぐことができる。

結局ここでも問題は、ゴルフ・ストロークのほかのあらゆる部分がそうであるように、コントロールとリズムのために、緊張とリラクゼーションの完璧なバランスをいかに保つかである。

ゴルフにおける技術的なヒントとその価値、というよりその無意味さについて考えるとき、クラブを握る右手の位置を変えることによって、即席でフックやスライスを矯正するおなじみの方法を思いださずにはいられない。すなわち右手を開いてスライスをなおし、シャフトの上にかぶせてフックをなおすあの方法である。しばしば耳にする教えだが、健全なゴルフ知識の普及とは無縁なヒントがあるとすれば、この安直な教えこそまさにそれである。

正しいグリップはゴルフ・スウィングにおける基本的な必要条件のひとつである。それは第一の必要条件とさえいってよいかもしれない。なぜならゴルファーはクラブをスウィングするためにはまずクラブを握らなければならず、クラブを正しくスウィングすることを体に覚えこませるには、まずクラブを正しく握らなければならないからである。しかし、グリップはスウィング中に起きるある種のミスを防ぐためにいじくりまわすものだ、という考えほど有害なものはない。アベレージ・ゴルファーやダッファーでクラブを正しくグリップする人はきわめて少ない。大部分は左右どちらかの手の、あるいは両手の位置を変える必要があるが、いったん変えたら守り続けなければならず、一時的な矯正では意味がない。

わたしは六歳の年にインターロッキング・グリップでゴルフを始めた。そのグリップで約二年間プレーしてから、オーバーラッピング・グリップに変えた。わたしの知るかぎり、それ以後は、八歳だったか九歳だったかでインターロッキングから変えたそのグリップが終生続いた。一時的な欠点を矯正するために何度かグリップを変えて実験してみたことはあるが、結果は利点よりも弊害のほうが大きかった。

正しいグリップにおいては、両手はできるだけ一体となって機能しなければならず、その位置はスウィングを通じてクラブのハンドリングを容易にするものでなければならない。プレーヤーがこの条件をみたすグリップを採用していないときは、ただちにそういうグリップに変えるべきである。しかし、いったん正しく、違和感のないグリップに変えたら、二度とそれを変えない決心をすべきである。もしも調子が悪くなったら、トラブルの原因をほかに探すべし。なぜなら手はクラブとの接点だからである。プレーヤーは手を通じてクラブの位置と向きを感じることができる。手はコントロールの鍵である。ごくわずかな変化が起きてもゴルファーは暗中模索を強いられる。

グリップで考えられる最悪の誤りは、両手の動きをばらばらにしてしまうことである。オーバーラッピング、インターロッキング、それに旧式のグリップを区別して考える必要はない。両手が一体となって動ける位置にあるかぎり、どのグリップでも申し分なく機能する。

少々の自由は許されるが、その幅はきわめて小さい。左手はパワーを発揮できる位置――左ひじが脇腹につかえることなくクラブを振り抜ける位置になくてはならない。つまり充分にシャフトにかぶさっていなくてはならない。左手の親指を除く四本の指先が見えるような形でクラブを握るビギナーは、そのグリップを変えるまで上達は望めない。

同様に右手も開きすぎてはならない。それだとヒッティング動作のなかで手がかかえってしまうおそれがあるからである。左手が正しい位置にあれば、右手がその上にかぶさりすぎることはまずありえない。なぜならその結果強いられる窮屈さにはおそらくだれも耐えられないからである。

正しいグリップは言葉で説明するよりも実演して見せるほうが易しい。グリップが正しいかどうか確信が持てないプレーヤーに、今すぐすぐれたインストラクターにチェックしてもらうことをすすめる。正しいグリップを身につけるまでは一歩も先へ進めない。

もうひとつ決して忘れてはならないことがある。すべてのゴルファーが、ある日はフィーリングがつかめるのに、別の日は魔法のタッチに見はなされてしまうと嘆く。わたしは何本かのクラブ、とりわけドライバーとパターのグリップの位置を上下に移動させることによって、失われたタッチを取り戻せることを何度も経験している。グリップの位置を上下に移動させることによって、クラブが軽く感じられたり重く感じられたりする微妙なバランスの変化が、自信を回復するのに必要なすべてである。

〝フィーリング〟の持続

「なぜ」と、質問されることがある。「上手なゴルファーが、つまり、80そこそこで回るゴルファーが、あるときは実にうまくボールをヒットできるほど〝フィーリング〟をつかんでいるのに、やがてとつぜんヒッティングの感覚をすべて失って、ゴルフがまったくだめになってしまうのでしょうか？　それはスウィングのことを考えながらではうまくプレーできないからなのですか？」

この質問は、上級者はボールをどこへ打つかということ以外なにも考えずにプレーできる、という前提で発せられたもののようにわたしには思える。わたしは大きな競技に参加する優秀な若者たちで、もしもこの前提が正しいとしたら大喜びしそうなゴルファーを何人も知っている。

疑いもなく、一流プレーヤーが無意識のうちにゴルフをプレーできる場合がある。しかしながらアベレージ・ゴルファーは、いかに完成されたゴルファーといえども、ほかのすべてのゴルファーと同じように明白な理由もないのにとつぜんタッチを失い、どんな療法があるかわからずに途方に暮れる場合もあるということを、常に念頭におくべきである。

このことは上級者がクラブをどうスウィングすればよいかを知らない、という意味ではない。しかし、正しいスウィングは自然に身につくものではないから、ゴルフは毎回上手にプレーするには難しすぎるゲームなのである。ボールを正しくヒットするためには、常に自分を抑制しなくてはならない。わたしはいつも心のなかで、この抑制を、全速力で疾走したい衝動に駆られながら、側対速歩《ペース》や速歩《トロット》といった人為的な足どりを強いられる馬の抑制にたとえてきた。

だからどんなゴルファーも一時的にはフィーリングをつかんで、いとも易々と、自然にプレーし続けられそうだと考えるかもしれない。しかし困ったことに、なんらかの心理的衝動や肉体的必要が、彼の筋肉のひとつに、なにかほかのことをするよう囁いた瞬間に、筋肉はその誘惑に屈服してしまう。なぜならそれまで彼の筋肉がやっていたことは、もともとそれほど簡単にできることではないからだ。多少とも偶然にフィーリングをつかむことを当てにしているゴルファーは、まさにその理由で、来る日も来る日も常によいゴルフができるとは限らない。彼はいかにボールをヒットするかを知らなければならないと同時に、いつどこでスウィングに前述した抑制を加えるかを知らなければならない。

この問題の発端となった質問の答えを示そう。「スウィングのことを考えながらではうまくプレーできないからではなく、なにを考えるべきか、なにをしようとすべきかがわかっていないからである」というのがその答えである。もちろん、ゴルフ・ストロークの概念を完璧に理解していながら、筋肉のコントロールとタイミングの感覚が充分でないためにうまくプレーできないゴルファーがいることは認める。しかしそれでもなお、筋肉のコントロールとタイミングの感覚を充分に身につけたゴルファーでも、自分がなにをしているかを知らなければ常時よいゴルフをすることはできない、というわたしの考えは変らない。

しかし、コントロールも感覚も知識もそなわった人間でさえ、ある期間不調が続き、しかもその理由が発見できないことがある。そのことに気づいたとき、問題の本質が明らかになるだろう。目を向けるべきところ、チェックすべき点は山ほどある――そしてときおりトラブルは最も単純で最も目につきにくいところで発見される。ゴルフは常に不確実なゲームである。人々がビリヤードやチェスをマスターするレベルまでゴルフをマスターする者は一人もいないと思う。もしもだれかがそこまでゴルフをマスターしたとするなら、彼はおそらくゴルフをやめるだろう――しかしそれはわれわれほとんどのゴルファーが喜んで冒そうとする危険である。

よいフォームの価値

与えられた大量のレッスン材料を吸収し、利用しようとするアベレージ・ゴルファーは、それらを片手の指でかぞえられるくらいの要点にしぼることができれば、容易に理解し、応用できるのにと、もどかしく思うに違いない。教える立場にある人間もまた、そうできればよいと思っている。しかしゴルフでは小さなことが――しばしばきわめて小さなことが——とても重要である。

熟練した目で見ても、完璧なショットを生むスウィングとミス・ショットを生むスウィングの違いを見分けるのは難しいことを考えれば、小さな違いの重要さがわかってもらえるだろう。完璧なショットを生むための完璧なタイミングと正確なヒッティングは、ほかのあらゆるスポーツの場合と同じように、ほんのわずかなずれも許さない。

一流のゴルファーといえどもみな同じやり方でクラブを振るわけではない。しかし、万人が認める正しいスウィングの基本に反したり省略したりする名プレーヤーにはまずお目にかかれない。スウィングの最中にある程度の修正や補足をおこなうことは可能だから、すぐれたコントロール感覚の持主なら、なみの人間には危険なことをやっても無事にすむかもしれない。わたしの友人に、自分のナイス・ショットは、テークバックのときと同じ数のミスをダウンスウィングでも犯したときにだけ生まれる、と主張する人物がいる。

しかしほどほどに健全なスウィングを身につけようとしているゴルファーにとって、修正あるいは補足といった動きはほとんど関心外だろう。よいフォームは、ひとつの基本的な動きがつぎの基本的な動きにスムーズにつながり、タイミングや修正を必要とする複雑な要素が最小限に減るところまで動きを単純化する。オーソドックスでないスウィンガーは、〝乗っている〟日には健全なスウィングの持主に勝てるかもしれないが、長い目で見れば疑いもなく後者がより有利な立場にある。

明らかに健全なスウィングはひとつに限られているわけではない。われわれはまったく同じクラブの振り方をするゴルファーが二人といないことを知っているが、もちろん健全なスウィンガーの名に値するゴルファーは一種類ではない。ゴルフというゲームの目の肥えた観察者、研究者は、長期間にわたる鋭い観察と上級者との親密なつきあいから、やがて上級者すべてに共通するいくつかの動作や姿勢を選びだす。

そして個々のゴルファーに固有の癖とスウィングの基本的要素を区別することを学び、よいゴルフをするためには不可欠と考える一連の正しい動きの概念を徐々に築きあげてゆく。彼があるスウィングを指して健全だというとき、それは個々のゴルファーに特有の差違にもかかわらず、そのスウィングの方法には正しい動作や姿勢のすべてが、あるいは高い成功率を保証するのに充分な一部が含まれていることを意味する。

真に健全なスウィングの第一の必要条件は単純さである。この点で、故ホートン・スミスと、レディ・ヒースコート＝エイモリー（ジョイス・ウェザレッド）は、わたしがこれまでに会ったいかなるゴルファーよりもすぐれていたと思う。二人ともボールを打つことを二つの動作に単純化していた。すなわちクラブを引き上げる動作とクラブを振り抜く動作である。ミス・ウェザレッドのスウィングは世界中で最も完璧なスウィングだというわたしの意見には賛成者が大勢いたが、ホートン・スミスのバックスウィングは世界一単純だったといっても過言ではないと思う。どちらもだれもが見習うべき理想的なお手本である。なぜならこの二つの方法のなかに、まぎらわしい個々人の癖を抜きにしたすべての基本を見ることができるからだ。

また、健全なスウィングは見た目にも美しい。このことはかならずしも美しい動きがみな健全であることを意味しないが、見た目に快い印象を与えることなしには、リズミカルにさまざまな運動をおこなったり、正しい姿勢を連続的にとったりすることはできない。健全なスウィングは初めから終りまで流れるように動くが、ただ流れるだけでなく力強く流れるし、美しく作られているからではなく、正しいがゆえに美しい。わたしにいわせれば、完璧なゴルフ・ストロークの動きは、そんな舞台芸にも劣らない美しさを持つ動きである。

単純かつ健全なスウィングは、数多くおこなうことによって反復に耐えられるものになる。これがコースにおける堅実なプレーの基盤である。

クラブ・ヘッドをスウィングする

ゴルフ史上最もすぐれた二人のインストラクター、マクドナルド・スミスとアーネスト・ジョーンズは、ひとつのコンセプト、すなわち〝クラブ・ヘッドをスウィングすること〟を、レッスンの中心に据えた。もちろん、健全なスウィングを作りあげるに当って考えなければならないことはほかにもあるが、結局これが第一の必要であることがわかるだろう。〝クラブ・ヘッドをスウィングすること〟の意味を感じとれる人々は、それによって多くの欠点をカバーできることを発見するが、感じとれない人々は、ボールの完璧なポジショニングを目ざしてどれほど努力しても、そのかわりにはならないことを知るだろう。

このスウィングする感覚の発見を容易にするためには、ダウンスウィングで急いだり無理に加速したりする必要がないように、クラブを充分遠くまでスウィング・バックしなければならない。本当の意味でクラブ・ヘッドをスウィングするためには充分なバックスウィングが必要である——これこそわたしがほかのなによりも強調してきた一点である。短いバックスウィングしかとれない人はスウィンガーにはなれない。なぜなら短いバックスウィングには、クラブ・ヘッドがボールに達するときに必要なスピードを生みだすための、スムーズな加速のスペースがないからである。

リズムとタイミングはすべてのゴルファーに必要だが、だれもその教え方を知らない。それらがどういうものかを及ばずながらも理解する手がかりは、このスウィングするという概念のなかにある。ボールを打ち抜くのではなく、ただ打つだけのゴルファーには、リズムの感覚が欠けている。同様に、短いバックスウィングのあとで、ダウンストロークの始動に当って力まかせに失われたスペースの埋めあわせをしようとするゴルファーにも、リズムの感覚は欠けている。

リズミカルな、タイミングのよいストロークを成功させるチャンスがあるのは、なにはともあれ、クラブ・ヘッドをスウィングするゴルファーであり、きわめて重要なのはトップでスウィングが方向を変えるエリアである。バックスウィングを流れるようなゆったりした動きで、充分に長くとり、ダウンスウィングの始動も同じようにゆっくりおこなうことができれば、ショットの成功の確率は高い。しかしあわただしいバックスウィングはあわただしいダウンスウィングの始まりの原因となるし、短いバックスウィングはある種の救済手段を必要とする。すぐれたゴルファーはどちらの過ちも犯すことを望まない。

スウィングの仕組みのなかで重要な二点は手首と腰である。手首が容易に曲がらなければ、あるいは胴体部分がスムーズに回転しなければ、理想的なスウィングは望めない。固く硬直した手首はバックスウィングを短くし、クラブ・ヘッドのフィーリングを殺してしまう。リラックスしてよく動く手首の関節と、デリケートで敏感なグリップで腕につながっていなければ、ウェートとバランスを慎重に調整されたゴルフ・クラブも、先端になにもついていない帚《ほうき》の柄となんら変わらない。クラブ・ヘッドをシャフトの先端に感じないかぎり、それをスウィングすることは不可能である。

だからよりよいゴルフをしたかったらひたすらスウィングあるのみ。緊張を封じこめ、終始筋肉をリラックスさせるべく努め、バックスウィングと、ダウンスウィングの始動時点で、ゆったりした感覚を促進すること。バックスウィングを充分に深くし、自分のスウィングを信頼して、あとはただ――クラブ・ヘッドを振り抜くべし。

フォームがいかにスウィングに影響するか

間違ったスウィングを身につけた人間は、体がうまく使えないのでスムーズなストロークができなくなってしまう。上級者がスムーズなスウィングをするのは、連続する姿勢がのびのびとしていて無理がなく、ひとつの姿勢からつぎの姿勢への移動をいやがる筋肉が邪魔しないからである。アベレージ・ゴルファーのスウィングがスムーズさに欠けるのは、ある段階で、正しい方向よりも間違った方向へ行くほうが楽な状態を作りだすからである。

正しくない姿勢または動きひとつでスウィングが狂ってしまうが、そのひとつの欠点をなおすだけでまずまずの成果が得られるという一例をお目にかけよう。それはほかならぬわたし自身のスウィングのことだから、だれよりもよくわかっている。そのトラブルが発生したとき、ある程度時間をかけても原因も解決法も見つからない問題に直面するのは少なくとも十年ぶりだった。

数か月前から、なじみ深いのびのびしたスムーズなフィーリングに完全に見はなされていた。とくにウッド・クラブがひどくて、アイアン・クラブはまだましだった。わたしは自分のスウィングが異常に速いこと、とくに両脚が正しく動いていないことに気がついた。過去に効果があったことをすべて試してみた。スウィングのスピードを落としたり、ダウンスウィングの始動時に左への腰の移動を誇張したり、左サイドを確実にストロークに参加させるためにリスト・コックに注意したりしてみた——が依然として慣れ親しんだリズムを取り戻せなかった。見た目にはいつもと同じだが、スタンスとアドレスの位置がまったくしっくりしなかったので、原因は足にあるのではないかと考えた。

そこで、自力で問題を解決することに絶望したわたしは、当時ホーム・クラブのプロだったジョージ・サージェントをコースに連れだして、何ホールかプレーしながら悩みを相談することにした。もちろん、最初彼はわたしのスウィングがそれまでと同じには見えず、リズムが失われ、パワーに欠けることしかわからなかった。結果から原因を探りながら五ホールをプレーしたあと、たまたま彼はブラッシー・ショットを打つわたしの真後ろに立っていた。彼はたちどころに原因をつきとめた。ボールにアドレスしたとき、右かかとが地面から完全にはなれていたのである。

その結果どういうことが起きるかを考えてみよう。右ひざが異様に曲がり、右足にかかった体重は爪先で支えられていた。明らかに、これでは両足がほぼ一線上に並ぶノーマルなスタンスはしっくりしなかった。右足の爪先だけで体重を支えているせいで、バランスを保つためには右足を大きく後ろに引かなくてはならなかった。しかしその最大の悪影響は、この不安定なバランスのせいでバックスウィングのスムーズな始動が不可能になったことだった。一刻も早くかかとを地面におろしたいという強い本能が働いたし、わたしのバックスウィングはいつもぎくしゃくした動きで始まった。右脚を心持ちのばし——最初から完全にのびきって硬直していてはならない——右かかとを地面におろすことによって、ふたたびバランスが回復し、急がずにテークバックを開始できるようになった。

二つの要注意個所はバックスウィングとダウンスウィングのスタートにある。バックスウィングをスムーズに始動すればそのあとの性急な動きが避けられるし、ダウンスウィングをゆっくり開始すれば、完璧なバランスを保つ助けになり、タイミングの合った正確なヒッティングが可能になる。

Photo taken in 1916.

第一部　技術編

第二章　アドレス

力まず、無理なく

ある日父とわたしが一緒にプレーしていたとき、彼がとても長いティーイング・グラウンドの一番後ろからドライバー・ショットを打つところだった。力みすぎとしかいいようのないスウィングでドライバーのヘッドを芝に叩きつけたので、ボールはほとんど真上に上がり、ティーイング・グラウンドのすぐ前にぽとりと落ちた。ティーからおりて歩きだすと、父がわたしに向かって叫んだ。「ちょっとここへ戻ってきてくれ」。それから、それ以上は考えられないほど美しいスウィングで、タンポポの花を切りとった。「さて、このスウィングのどこが悪い?」「悪いところなんかないよ」と、わたしは答えた。「どうしてその打ち方をしないの?」

およそゴルファーと名のつく人間で、クローバーの花や草の上に落ちている紙きれに向かってスウィングするように、ボールに向かったときものびのびと、スムーズにスウィングできたらどんなにすばらしいだろう、と一度も考えたことのない者は一人もいないだろう。実際、なかには素振りのときでさえ、自分で想像しているのとは違って、他人の目には優雅で効果的に見えない人もいるが、いずれにしても上級者は別として、素振りはほとんど常に実際にボールを打つスウィングよりもずっとましである、という事実は否定できない。プレーヤー自身がこの違いを感じ、認めているし、しばしばその理由にも気づいているが、それを克服する実際的な方法があることを理解していない。

大部分のゴルファーはそれを耐え忍ばなければならない苦難のひとつだと考えている。この違いが存在する必然性を嘆き、諦めて通りすぎてゆく。すべては克服不能な緊張を生みだす精神状態、責任感やら不安やら恐怖心のせいにされる。

そこまでは本当だが、それで話がすべて終ってしまうわけではない。素振りのときと実際にボールを打つときのプレーヤーの精神状態の違いは容易に理解されるし、それがショットに与える影響も認識されている。だが理解も認識もされていないのは、素振りにはなくて実際のストロークにだけある余分なものを取り除けば、状況はまるで違ってくるという事実である。上級者はボールをヒットする能力に自信を持っているがゆえに、ボールを恐れない。

まずまずの腕前のアベレージ・ゴルファーが、ショットの準備として素振りをおこなう場面に注目していただきたい。彼がクラブを右に左に楽々と、リズミカルに振る。その動きはバランスがとれているし、申し分なくリラックスしている。スタンスは広すぎも狭すぎもせず、無理がない——あれこれ考えずにすっと立った自然なスタンスである。さて、今度は彼がボールに向かって立つところを見てみよう。まず両足の間隔が拡がる——少なくとも素振りのときよりは広い。これはバランスを保ち、足場を固めるために必要だ、と彼は考えている。

つぎにワッグルを始めるが、ワッグルをすればするほど上体がボールの上にかぶさり、緊張の度合いが増す。彼は正しい位置を感覚で探り当てるかわりに、あるいは自然に正しい位置におさまるかわりに、百パーセント正確に、寸分の狂いもなく、ボールの前に立とうとする。

わたしは人が苦労してショットの準備をすることに、あるいはスウィング開始前にプレーにそなえることに、異論をさしはさむつもりはない。しかし大部分のゴルファーは、第一に目ざすべきは力みのない無理のない構えであり、硬直した不自然な姿勢をよしとする者は一人もいない、という事実を見失っている。

アベレージ・ゴルファーのアドレスの姿勢に対する最も多い批評は、両足があまりにも大きく開きすぎ、上体があまりにも前にかがみすぎ、腕があまりにも遠くまでのびきっていることである。これらは最も多く目につく欠点で、どれをとってみても不自然である。自然な立ち方とは、両足の間隔が広すぎず、上体の自然な前傾はごくわずかで、体重はかかとに多くかかり、決して全部が爪先にはかかっていない状態である。そして自然な腕の形は、両肩からほぼまっすぐ下に垂れさがった状態である。

素振りで緊張が目につくことはめったにないが、それはなぜかといえば、プレーヤーは百パーセント正確である必要を感じていないがために、より自然な姿勢に近づきやすいからである。プレーヤーが実際のショットにこの自然さを持ちこみ、準備動作をできるだけ単純化し、ボールをヒットするときに急ぎもしないかわりに、ウズラの群を前にした優秀な猟犬のようにボールの前でポイント姿勢をとることもしないように仕向けること。そうすれば、ボールをヒットするという仕事を目前にしたときに生じるに違いない心理的動揺——気持ちはよくわかる——を肉体的側面で克服するのに大いに役立つ。精神の緊張——すなわち鋭敏さ——は、肉体のリラクゼーションを伴うかぎりまったく無害である。

体重移動

あなたはゴルファーがボールをヒットすると同時に、左足が宙に浮く光景を何度見たことだろうか？　一度見るたびにニュー・ボールが一個もらえるなら大儲けなのだが、と思うくらい数多く見ていることだろう。この動きがあなたの知人の多くのスウィングに共通して見られるとしてもわたしは驚かない。なぜならそれはスウィングのあらゆる欠点のなかで最も多く見られるものだからである。

わたしは左足が浮くのは欠点だと述べた。実際はそれはある欠点の証拠というか結果である。真の欠点は体が右側に倒れること、体重が移動すること、あるいはストローク中に体重が右側に移動するのを許すことにあり、ゴルフでそれ以上に悪いことは、グリップ・エンドでボールを打つことぐらいだろう。

人がこの過ちを犯す原因は少なくとも三つある。第一に、左足に体重がかかりすぎたアドレスの姿勢をとり、バックスウィング中その姿勢を保ち続けること。第二に、初めは正しい姿勢でも、バックスウィングで体重が左足に移動すること。第三に、バックスウィングで左足の体重移動がおこなわれないとしても、極端なハンド・ファーストの位置からスタートした結果、ボールをヒットするためには右側に動かなくてはならないこと。いずれにしても、ボールから遠ざかりながらそれをヒットしようとしていることになる。両手とクラブを一方向に動かしながら、体重とボディの大きなパワーを逆方向に動かそうとするわけで、これはわざわざ間違っていると指摘するまでもないばかげたことである。

わたしはバックスウィングで体重を右側へ移動する必要があるとは思わない。アドレスで充分にボールの右側に立っているならば、その必要がないことは確かである。ボールを右足の前に置いてアドレスするなら、この右側への体重移動で体は正しい位置にくるかもしれない。しかしボールを正しくヒットしようとするならば、体重はボールの右側になければならない。

ボールをヒットすることは、ほかのあらゆるものをヒットする場合と同じで、ヒットする対象がヒットする人間の右側にあったのでは、充分強く、あるいは効果的にヒットすることはできない。よいダウンスウィングがスタートするときは、すべてがボールに向かって一緒に動かなくてはならない。左かかとは地面に下り、腰は左へ移動し、両腕とクラブ・ヘッドがそれらと連動しなくてはならない。このメカニズムのなかの一カ所でも逆方向に動いて、反対方向への力を生み、ボールに向かう力を部分的に抑えるようなことがあれば、ストロークは効率が悪くなり、本来のパワーが低下してしまう。

この理屈は容易に理解できるはずである。反りかえって体重をかかとにかけながら野球ボールを投げようとしたり、敵から後退しながら右のアッパーカットを繰りだそうとしたりする人間はいないはずである。だったらゴルフ・ボールをヒットしようとするときに、なぜ左足で水の入ったバケツを蹴りとばそうとするのか?

ボールの位置

ゴルファーが注意すべき最も大切なことのひとつは、体重をボールの右側に保つことのようにわたしには思える。なぜかプレーヤー自身が両足との関連でボールの正確な位置を認識することは難しい。体がいつの間にか左へ左へと寄ってしまい、気がつくと左足の前にあったはずのボールが右足の前にある、というのが最も一般的な傾向である。

一人の人間の人体構造に可能なありったけの力でなにかを強打するためには、その人の持つすべての筋肉、すべてのパワーが打撃力に貢献しなければならない。打撃の方向とは逆の方向に動く力または体重は、必然的に打撃力を弱めてしまう。

これはゴルファーがボールを右に寄せすぎたときによく起きる現象である。彼はボールを打つためには右へ手をのばさなくてはならないことに気がつく。いつもと同じように体重を左へ移動させれば、フェースがかぶさってチョロになってしまうことに気づいて、それを避けるために体重を右足にかけたままにするか、さらに右へ体重を移動させる。そうすると今度はスライスかトップが出始める。

ボールを充分に左に――つまりほぼ左足の甲の線上に――置けば、トップ・オブ・スウィングで全体重とパワーをストロークに投入できるという感覚が得られるし、ボールが左にあるために、クラブ・ヘッドを正しい軌道に乗せるための時間的余裕が生じるという利点もある。ボールがもっと右寄りにあれば、一般的傾向としてバックスウィングが短くなり、プレーヤーが充分体を回してヒッティング・ポジションをとる前に、クラブをトップから急激に引きおろす結果になる。

アベレージ・プレーヤーにとってはまた、ストロークの邪魔にならないように左腰を開いて、両腕が自由に動けるようにすることも難しい。もしも彼が多少ともボールを右に寄せてスウィングを始めれば、それはさらに難しくなる。なぜなら体がボールをヒットできない位置にくることを恐れて、無意識のうちに体を少しでも動かすことをちゅうちょするからである。

ボールの位置がもっと左寄りにあれば、なめらかな回転と流れるようなスウィングが可能になる。

アドレスの手順

注意深い観察者は、ほとんどすべての一流プレーヤーたちが事実上同じ方法でスタンスをとることに気がつくだろう。その手順はおおよそこんなところである。まず飛球線後方からボールに歩み寄って、目標方向を眺め、これからおこなうショットの計画を立てる。ボールに近づいたら、クラブをボールの後ろに置く。それから、依然として目標を意識しながら、正しいアラインメントができるように左足の位置を決める。あとは右足をしっくりする場所に置いて、バックスウィングを開始する前に好きな回数だけ（わたしの場合はふつう一回だった）ワッグルをおこなうだけでよい。

この手順にはいくつかの利点がある。まず第一に、腕とクラブを無理なくのばした距離を採用することによって、最善の方法で両足からボールまでの距離を決定することができる。まずこの距離を測ることなしにスタンスを決めることなどわたしには想像もできない。第二の利点はふつうに歩くときのリラックスした姿勢でボールに近づいたことであり、飛球線の後方からボールに近づくことによって、ボールを左に寄せた適正な位置でアドレスできるし、体重を適正に配分してごく自然にセット・アップすることができる。

スタンスのさまざま

全英アマチュアがミュアフィールドでおこなわれていた一九二六年のある晩、スコットランドはガランにあるマリーン・ホテルで、ときおりめざましいゴルフをするイギリスのプロ、ジョージ・ダンカンが、われわれ数人に彼の最新のゴルフ・スウィング理論を講釈したときのことを覚えている。ジョージはスウィングの最も重要な部分を受けもつのはひざと足だという考えを披瀝した。われわれのために自分が〝両足でゴルフをプレーしている〟ことを、左足からの〝テークオフ〟がバックスウィングを始動させることを、言葉で説明し、実際にやってみせてくれた。

ダンカンの理論の正しさを認めも否定もしないが——実際のところ、それはある人には役に立つだろうが別の人にとっては破滅的だろう——実に多くのゴルファーが足のせいであまりに多くのショットをだめにしている、といっても過言ではない。スウィングが始まるまで誤りに気づかずに、ストロークの邪魔になるような位置にどちらかの足を置くのはよくあることだし、もちろん始まってから気がついても遅すぎる。正しい足の置き方を習慣づけるためにもう少し神経を使えば、報われるところは大きいだろう。

ゴルファーが足でなにができるかを常に念頭に置いておくのはすばらしいことである。フックやスライスの傾向が、スタンスのちょっとした調整によって矯正されるケースは数知れない。あるいはプレーヤーがその種の矯正を試みるほどの上級者なら、同じ方法でドローやフェードを意のままに打ち分けることも可能である。位置を変えることが直接ストロークに影響するというよりも、プレーヤーが最もスウィングしやすい姿勢をとったときに、スタンスに変化が生じるのである。

クローズド・スタンスはフックを生むスタンス、オープン・スタンスはフェードまたはスライスを生みやすい、と考えられている。その理由は明白である。クローズド・スタンスをとるために、右足をボールから後ろに引く結果、右足は左足を通って飛球線と平行に引いたラインよりも数インチ後ろに位置することになる。これにより二つの現象が生じる。まずそれは体の回転が容易な、円形のフラットなスウィングを促す。つぎにそれはインパクト時に体の左側にある程度の抵抗を生じさせる。この形のアドレスでは、プレーヤーはボールを飛球線の外側へヒットすることになり、その動きを誇張すると、ボールをクラブ・フェースに乗せてぐるりと左へ回してやるような感覚が生じるだろう。

その結果ボールが大きくフックするとき、わたしの友人であるスコットランドのプロたちは、それを「スコットランド人のショット——ボールを長くつかまえすぎた」と形容していた。

逆にオープン・スタンスは、パワーではなくむしろコントロールを重視した姿勢である。右足が前に出るので、プレーヤーはボールをより真上から見下ろす形になり、バックスウィングで腰と肩を回しにくくなる。この姿勢からフラットなスウィングをおこなうのは容易でない。そのためスウィングはよりアップライトになりやすい。オープン・スタンスの信奉者はフックよりもスライスが出やすく、アイアン・ショットの大部分は左から右へわずかに流れる傾向がある。オープン・スタンスでは、プレーヤーはホールのほうを向く度合いがより大きい。アドレスでさえ、左腰が後ろに引けて両手の通り道をふさがない。右サイドが前に出るので円形の大きなスウィングの邪魔になる。この二つの要素がオープン・スタンスのプレーヤーの特徴であるボールのカット打ちを促す。

動きを止めない

バックスウィングを始める前のワッグルと体の小刻みな動きの目的は、スウィングを開始する姿勢から緊張を取り除くことである。スムーズな動きは正しいゴルフ・ストロークに不可欠な要素であり、筋肉が緊張していたり姿勢が硬直していたりすればスムーズな始動は望めないから、ボールにアドレスしたときに完全にリラックスした無理のない状態にあることが最も重要である。ワッグルと最初の姿勢への入り方でこの目的が達せられるかぎり、それがどんな形をとり、どんな順序でおこなわれるかはあまり重要でない。一流プレーヤーのなかには一回のワッグルですます人もいれば、有名なサンディ・ハードのように十七回もワッグルする人もいる（わたしは一度実際にかぞえてみた）。

わたしが好むアドレスへの入り方は、なるべく時間を無駄にしないことである。ボールに歩み寄る前にどのクラブを使いどんなショットをするかが決まったら、あとはボールと体の間の距離を決め、ショットのラインを決めるのに必要な以上の時間をアドレスで費やすのは意味がない。決断できずにもじもじすればするほど、疑念が生じて緊張が高まるおそれがある。

体を動かし続けて一瞬も静止しないほうが、完全なリラックス状態を保つことがずっと容易である。でたらめをいっているように聞えるかもしれないが、わたしは数人のプレーヤーから、アドレスでひどく時間をかける習慣が身についたら、やがてバックスウィングができなくなってしまった、という話を聞いたことがある。

わたしはどんなショットでもボールに後方から近づくことを好んだ。この角度からだと、ほかのどの角度からよりも容易にショットを思い描けるし、正しいラインナップができる。いつも後方からボールに近づいて、最終位置となる場所のわずか手前で止まった。その場所から、クラブをボールの後ろに置いて目標方向を見た。クラブの長さでボールと体の距離の感覚がつかめたし、左足の位置を決めながらフェアウェイに目を向けることでラインがつかめた。右足の位置が決まるまでに一度だけのワッグルを始め、クラブをボールの後ろに戻すと、腰を軽く左にひねってバックスウィングを開始した。この動きが連続しておこなわれるときが最もしっくり感じられ、よりよいゴルフをすることができた。ちゅうちょしたり二度目のワッグルをしたりするときは、うまくいかないことが多かった。

わずかな腰のひねりはスウィングをスムーズにスタートさせるうえで貴重な助けとなる。なぜならそれは気がつかないうちに忍び寄っているかもしれない緊張を解きほぐすからである。しばしば〝フォワード・プレス〟と呼ばれるその動きは、多くの人々によって両手の動きとみなされてきた。だが実際は、手は無関係である。それはボディとひざの動きであり、その主たる目的はボディを動かすことによってスウィングのスムーズな始動を可能にすることである。これをしないと、体を使わずに手と腕だけでクラブを持ち上げる傾向が強くなる。

ワッグルの回数を何回と規定するのは賢明ではないと思う。それはプレーヤーがしっくり感じる姿勢に落ちつくまでどれだけ時間を必要とするかによるからである。しかしその動きは無理なく、スムーズでなければならないし、あまり考えすぎたり心配したりせずにワッグルを終らせる習慣を身につけることが大切である。多くの場合、それはとりあえずボールに近づいてそれを打つ決心をするのに役立つだろう。

頭の位置

いつかある人に、あなたはボールを右目よりも左目で見ていることに気づいているか、と質問されたことがある。わたしはそのことに気づいていなかったが、どちらか一方の目で見ているとしても、もはやそれを意識しないほど長い間の習慣になっていると答えた。「しかし」とその人はいいはった。「わたしはあなたやウォルター・ヘーゲンやほかの多くのゴルファーたちが、左目でボールを見ているように見える位置に頭を置くことに気がついたんです。そうするからにはきっとなんらかの理由または利点があるに違いない。それがなんだか知りたいんですよ」。

わたしはボールをヒットしようとするときの頭の位置は完全に本能的なものだと告白した。わたしはストロークのスタイルやメカニックスを考えるはるか以前から、頭をその位置に置き始めた。おそらく同じことがヘーゲンにもいえるだろう。しかし数年前に、頭の位置がストローク全体に及ぼす影響の重要さを実地に示してもらった。わたしはいわゆる〝利き目《マスターアイ》〟理論をあまり重要視していなかった。ある人の左右どちらの目がより強いか、あるいはボールのカバーの特定の一点を見つめるかどうかが、さほど重要だとは思わない。必要なのは、距離を測って、ボールの位置を正確に決めることだけである。そのためには片目よりも両目を使うほうがよいと聞いている。

一九二七年に、ジョー・カークウッドとわたしはたまたま同じ船で全英オープンが開催されるセント・アンドルーズへ行くことになった。親切な船長がアッパー・デッキに練習用のネットを張ってくれたので、ジョーとわたしは毎日デッキに出て練習ボールを打った。船はほとんど揺れなかったにもかかわらず、練習そのものはたいして意味がなかったが、手が柔《やわ》になってしまうのを防ぐ役には立った。だがネットに向かってボールを打つのは退屈だったので、やがてジョーが有名なトリック・ショットをいくつかやり始め、もちろんわたしもそれを真似した。当然のことながら、限られた練習時間でわたしにできるトリック・ショットはきわめて少なかった。

しかしジョーが教えてくれた一連のショットは、頭の位置の問題を解明する手助けになった。それはアイアン・ショットだった。三個のボールをマットの上に並べて置き、ジョーが右方を見ながら最初のボールを打ち、向かいあって正面に立った人間の目を見ながら二個目のボールを、そしてフラッグまたは目標物があると想定される方向を見ながら三個目のボールを打つ。一個目のボールの位置がわかればあとはいとも簡単そうに思えたので、わたしも試してみた。数回トライするうちに、ネットと逆方向を見ながら一個目を、そして正面に立つジョーを見ながら二個目を打てるようになったが、目標方向を見ながらの三個目は絶対に打てないどころか、ボールにかすりさえもしなかった。顎を左に突きだした状態では、腰を回すこともクラブをテークバックすることもできなかった。クラブを持ち上げてボールに叩きつけるのがせいいっぱいだった。

有名なゴルフ・インストラクターのアレックス・モリソンは、おそらくだれよりも「顎を後ろに《チン・バック》」という考え方を強調した。わたしはその考え方が正しいと信じている。なぜならそれは頭を、バックスウィング中もインパクト時も、体のほかの部分を束縛しない位置に置くことになるからである。一流ゴルファーがボールをヒットするのを見るときは、彼の頭に注目すべし。頭を少し後ろへ傾けてスウィングを開始するか、クラブの始動と同時に頭を数インチ回すのがわかるだろう。それは〝利き目〟が左か右かとは関係がない。

潜行する病気

ゴルフがひどく腹立たしいゲームである理由のひとつは、一度学んだことをいとも簡単に忘れてしまうことであり、われわれはすでに何度も気がついては矯正したはずの欠点と、いまだに戦い続けている自分を発見する。しかしどんな矯正法にも永続的な効果があるとは思えず、スウィングのほかの部分に気をとられたとたんに、古い欠点が頭をもたげてまたしてもわれわれを悩ませる。

このことがとくに当てはまるのは、アドレスでのボールの位置に関してである。一見あまり重要ではなさそうだが、これはボールをヒットするに当って考慮すべき最も重要な問題のひとつである。

一定のボールの位置がすべてのプレーヤーにとって正しいというのではなく、個々のプレーヤーには、彼独自の方法で、最も容易かつ最も効果的にヒットできるボールの位置が存在する。

わたしの場合、その位置はほぼ左足甲の延長線上の一点であり、それはどのクラブでどんなショットをするときにも当てはまる。もちろん、特殊な状況では必要に応じてこの位置がある程度変ることもありうるが、通常の場合は不変である。ボールがこれだけ左寄りにあれば、ストロークのすべてのパワーをボールの後ろに注ぎこむことができる。ボールをしっかりつかまえるためにプレーヤーが体重を右に残さなければならないボール位置のせいで、余分な緊張やパワーのロスが生じる心配もない。

もしもある位置のボールを打つためにスウィングがアジャストされるとしたら、ボールの位置がほんのわずかずれただけで、ヒッティングにミスが生じることは想像に難くない。ほんの小さなミスがどれほど破滅的な結末をもたらすかを、ゴルファーなら指摘されるまでもなくだれでも知っている。正しい位置より1インチ手前で、あるいは1インチ先でボールを打てば、飛んだ先では目標より何ヤードも左右にぶれることになりかねない。

アドレスでのボールの位置には常に細心の注意を払うべきである。われわれはあまりにもしばしば自信満々で軽率にボールに近づき、なんの違和感もない、自分ではいつもと同じだと考える位置に立つ。そしてなにも考えずにショットし、プル・ショットやスライスになった原因がわからずに途方に暮れる。ミス・ショットを生むには小さな過ちで充分であり、それを見逃すのはいとも簡単である。

一九二九年にウィングド・フットで開催された全米オープンで、わたしのアイアン・ショットはかつてないほど好調だったが——重要な試合では、という意味だが——自分一人の力ではとうていそんなプレーはできなかったと思う。初日の朝、スタート前に軽くウォーム・アップをするつもりでイースト・コースに出た。ドライバーのナイス・ショットを数発打ったあとで、アイアン全体の調子を占う指標としていつも使っている四番アイアンを打ってみた。思いつくかぎりのことを試しながらつぎつぎに打ってみたが、無理に右手を返してまっすぐに飛ばそうと試みた数発を除いて、すべてのショットが目標より右へ飛んだ。逆に右手を返したショットは同じくらい目標より左へ飛んだ。これはトーナメントのスタート直前の状況としては決して喜べるものではなかった。

ついに、わたしと一緒に旅をしてきて、練習を見ていたアトランタのT・N・ブラッドショーが口を開いた。ブラッドはほかのだれよりも多くわたしと一緒にプレーしていたので、わたしのゴルフをよく知っていた。したがって彼が見当違いのアドバイスをすることは考えられなかった。

「ボールが右に寄りすぎていると思うよ、ボブ」と、彼は静かな口調でいった。

わたし自身はそうは思わなかったが、とにかくどんなことでも試してみたい心境だった。そこでつぎの数発をもっと左寄りに置いて打ってみると、即座に問題が解決した。このことはもうひとつ考慮すべき課題をわたしに与えたが、それはほかのすべての課題よりも価値があった。

ボールの位置のわずかな変化にプレーヤー自身が気づくことは難しい。ましてかなり長い期間その位置でプレーし続けている場合はなおさらである。しかしボールを動かすことはまったくスウィングの妨げにならない。異なるボール位置を試してみたからといって、タッチ、タイミング、リズムといった要素が危険にさらされるおそれはない。そして必要な修正はボール位置の変更そのものであるケースがひじょうに多い。ボールと両足の正しい相対的位置関係が、どのプレーヤーの場合も同じだとはいえない。しかしだれかのゴルフが不調に陥ったとき、実験をしてみても――スライスをなおすためにボールを左足寄りに移動させ、フックをなおすために右足寄りに移動させてみても損はない。もしそれが効果を発揮するならば、これほど簡単な処方箋はない。

Photo taken in 1917.

第一部　技術編

第三章　バックスウィング

バックスウィングの目的

しばしば力説されることだが、ゴルフをする人間でクラブをどうテークバックすべきか、ダウンスウィングをどう始めるべきか、この段階あるいはあの段階でなにをすべきか、といったことを思い悩む人は、結局唯一重要なこと——すなわちボールをヒットすることを見失ってしまう。

ゴルフについて書き、ゴルフを人に教えようと試みる立場にあるわれわれは、ショットの準備段階よりもクラブとボールがミートする段階をより重視すべきである、とよくいわれる。

もちろん、確かに基本に関する上級者たちの教えと練習をすべて無視しても、ときおりナイス・ショットをすることは不可能ではない。しかし長い目で物を見る人間なら、よいフォームこそコンスタントな信頼できるプレーの基本であることに気づかないはずはない。ボールを正確に、力強く打とうとするならば、ヒッティングという行為の間におこなわれなければならないいくつかの動作がある。行き当りばったりの無知なプレーヤーでも、たまにはそれらの動作を知らず知らずにおこなうかもしれないが、しょせんしっかりしたスウィングを身につけて、どのショットでもその動作をおこなえるプレーヤーには歯が立たない。

ダウンスウィングまたはヒッティング・ストロークの目的は、クラブ・ヘッドとボールのタイミングの合ったパワフルなコンタクトを実現することにある。この目的を達成することがストロークの最も重要な部分であることは否定できないが、バックスウィングには、トップ・オブ・スウィングで完全にバランスの取れた、パワフルな姿勢を確立し、その姿勢から干渉または修正の必要なしに、ダウンスウィングの正しい動きを流れるように、リズミカルにおこなえるようにするという目的がある。結局、理想的な動きを常に再現できるという意味で、バックスウィングという準備段階は実際のヒッティングに劣らず重要になる——スウィング全体、すなわち正しいポジションの連続は、自然に無理なく続くものである。

バックスウィングの開始

わたしは常にクラブをプレーのラインから大きく引きはなす形のバックスウィングを好んできた——お望みならクラブを体に巻きつける形といってもよい。なぜならこのストロークには、正確さを犠牲にすることなくより大きなパワーを生みだすという利点があるからである。上級者とほどほどのサンデー・ゴルファーの最大の違いは腰と上体の使い方にあり、クラブをよりアップライトなアークで——ボールからまっすぐ後ろに引いて——振ろうとする試みは、腰と上体の正しい使い方をさらに妨げるおそれがある。この試みは重要なパワー源を完全に無視した、腕だけによるスウィングを生みやすい。

わたしの好む適度にフラットなスウィングは、手とリストによるクラブの操作からではなく、正しいボディ・ターンから生まれるものでなければならない。多くのプレーヤーが左手首の急激な内転《プロネーション》とともに、つまり掌を下に向けてバックスウィングを始めるために、クラブが鞭のように脚にまとわりつき、たちまちクラブ・フェースが開いてしまう。これは両腕がプレーヤーの体からはなれてしまうまっすぐなバックスウィングと同じくらいいたちが悪い。

ボールからテークバックされたクラブの最初の動きは、左サイドに発生する力から生まれるべきである。実際のテークオフは左足からで、それが体の動きを始動させる。すぐに両手両腕が追いかけるが、開始当初の正しい順序は上体、腕ときて最後がクラブ・ヘッドである。

運動というものは始めることよりも続けることのほうが常に易しい。この順序には腰の回転を生むという長所がある。それはバックスウィングで正しい腰の回転を確保するのに大いに役に立つ。スウィングをクラブ・ヘッドという観点だけで考えて、構えたあとで、クラブ・ヘッドを始動させるためにある種の手の動きでバックスウィングを開始することは容易である。その動きがどんなものであれ、最も重要な回転運動を無視する結果にならざるをえない。

クラブとボールのコンタクトは事実上一瞬である。クラブ・ヘッドを右にも左にもできるだけ長く飛球線に沿って動かすことはほとんど意味がない。必要なのはクラブ・ヘッドの正しいアラインメントをおこなって、ある一瞬だけ――クラブ・ヘッドがボールに当る瞬間だけ――正しい方向に動かすことである。

長いバックスウィング

おそらくゴルファーにとって最も重要で最も有益な概念は、力まかせにヒットするのではなく、常にスウィングするということだろう。これこそリラクゼーションの必要性がくりかえし強調される主たる理由である。なぜなら緊張はのびのびしたスウィングを妨げ、しばしばボールを打つ前にブローにブレーキをかけてしまうからである。理想的なスウィングは、スピードを増したのち、逆方向に働く力を加えてパワーを減じることなく、貯えられたすべてのエネルギーを効果的に利用する。

理想的なスウィングの特徴のひとつで、しばしば未熟なプレーヤーに欠けている要素は、バックスウィングの大きなワインドアップである。アベレージ・ゴルファーは、長いバックスウィングを無理なくとれる体の動きを知らないのと、長いバックスウィングをとる自信がないのとで、ほとんど常に短い、叩き切るようなストロークをおこなう。性急にクラブを引き上げ性急に引きおろし、ほとんど痙攣《けいれん》的といってもよい急激な加速をおこなうので、パワーまたは正確性を手に入れるチャンスはほとんどない。

　長いバックスウィングを支持する根拠で最もよく聞くのは、スウィング・アークがより長くなり、インパクトの瞬間にヘッド・スピードがマキシマムに達するための時間がより長くなるという議論である。だが同じように説得力のある議論がほかにもある。確かに長いバックスウィングによって可能になるゆるやかな加速は、間違いなくスウィングをよりスムーズにするし、その結果スウィングが軌道《グルーブ》からはずれる危険性は低下する。また長いバックスウィングは、それほど急激な力を加えなくとも同じスピードに達することを可能にするので、逆方向の力が働いてストロークのパワーを減じる可能性が低いことも確かである。

　理想的なスウィングのパワーはすべてボールとのコンタクトで使い果たされるのではない。ブローはボールのところで終ってしまうのではなく、ボールを通過するのが望ましい。それはクラブ・ヘッドがフル・スピードに達したら、インパクト直前の最後のわずかなスペースを通過するだけという感覚である。ボールをヒットしなければならない――もっと強い力が必要だ――という意識が生まれた瞬間に、手がクラブをより強く握りしめ、抵抗が生じて、動きは加速されるよりもむしろ減速される。

正しいスウィングの終点であるゆったりした、見た目にも美しいポーズは、このリラックスしたスウィングの結果である。ヒッティングのときに硬直しなかった筋肉は、硬直してクラブを止めることもない。スウィングがボールを通過したら、仕事はそれで終り、衝撃は吸収され、クラブの慣性が柔軟な肉体をスウィングのフィニッシュへと導いてゆく。

バックスウィングを弦巻バネかゴム紐の伸張にたとえたとしたら、当らずといえどもさほど遠くはないと思う。バネや紐の伸張が長ければ長いほど、戻る力が大きくなる。ゴルフ・スウィングでは、バックスウィングのワインドアップが大きくなればなるほど、体のバランスを楽に保てる限界までは、ダウンスウィングのパワーを増大させるのに役立つエネルギーの蓄積がその分だけ大きくなる。比較的ワインドアップの短いプレーヤーが、並はずれたパワーでその差を埋めあわせることは可能かもしれないが、それに比例してスムーズさと正確さを失うことは避けられない。

一般にコンパクトなスウィングが望ましいという考えが強調されすぎるきらいがあるように思える。ましてコンパクトなスウィングは短いストロークを要求するという印象があるだけになおさらである。多くのゴルファーが、短いバックスウィングは、ボディ・ターンをある程度小さくすることによって重大なミスを避けられるほどにストロークを単純化する、と信じるようになった。わたしはかねがねその考えには反対で、長すぎるスウィングよりは短かすぎるスウィングのほうがはるかに多くのショットを台なしにするし、しかもそのことはドライバーからパターまでのすべてのクラブに当てはまると信じている。

スウィングに必要欠くべからざるひとつの要素はスムーズさである。トップからの加速はゆるやかでなければならず、その動きはゆったりとして、あらゆる急激なまたは痙攣的な動きとも無縁でなければならない。そのような加速を実現するためには、クラブ・ヘッドがボールに達する前にスピードを上げるための充分な時間がなくてはならない。クラブが描くアークが長ければ長いほど、ある特定の瞬間に異常にエネルギーを消費する必要が低下することは明らかである。長いクラブの軌道は、トップのゼロ・ポイントからインパクトの瞬間のマキシマムまで加速するための充分なスペースを提供する。

左足のロール

多くのプレーヤーがなんらかの理由で、体重が左足にかかりすぎた状態でトップ・

オブ・スウィングに達する習慣を身につけてしまう。トップで左足のかかとがしっかり地についていることがその証拠である。このようなスウィングでは、プレーヤーはダウンスウィングを始めるときに腰を左へシフトすることができないばかりか、バランスを保つ必要から、振り抜くときに常に右足に体重をかけざるを得なくなってしまう。

バックスウィングで左かかとを上げるとき、それ自体が目的であると考えてはならない。むしろそれはボディ・ターンを正しくおこなった結果だと考えるべきである。ボディがターンすると、体重は右足のほうへ移動するか、あるいはすでに充分な体重が右足にかかっている場合はいかなる平行移動もおこなわれず、レッグ・アクションが回転運動を受け入れるにつれて左かかとが持ち上がる。

ここでひとつ強調しておかなくてはならないことがある――左足の爪先を軸にして回転してはならないことである。バックスウィングの初めに左足によって支えられていた体重は、左足を横切って移動し、親指とその付け根のふくらみにかかるように感じられなければならない。

左足をぐるりと回して、靴底が完全にホールのほうを向くまで爪先を軸にして旋回するプレーヤーは、きわめて重大な過ちを犯している。そうすることによって、彼は左足をまったく使わなくするか、さもなくば正しい体の動きの可能性をぶちこわしてしまう。

リスト・コック

正しくおこなわれたフル・スウィングでは、両手とクラブがまだ右側へ動いているうちに上体の巻き戻しが始まる。この動きの順序にはきわめて重要な結果をもたらす二つの効果がある。第一に、いうまでもなく、それは腰の回転にダウンスウィングをリードさせ、その結果上体のリバース・ターンによって生みだされたパワーを、クラブ・ヘッドの慣性という形で利用できるようにする。

しかしそれに劣らず重要なのは、リストのコッキングを完了させる効果である。コッキングはリストが一方向では腰の引力に、逆方向ではクラブの引力にしたがうときに完了する。ダウンストロークが始まるときに、プレーヤーはクラブ・ヘッドをトップに残す感覚を持つべきである。

フル・スウィングのときにこの順序を維持する習慣は、わたしの場合ごく自然に身についた。しかしわたしは何年もの間、短いショットのときに手首が硬くなる傾向があるというそれだけの理由で、マッシー・ニブリックのショットがひどく下手だった。バックスウィングを短くしてもこの弱点からは解放されなかった。シャンクを防げるだけのリストの動きは身につけたが、よいピッチ・ショットに必要な切れ味鋭いダウンブローをものにするにはそれでは不充分だった。

リストの充分なコッキングと、ヒッティング・エリアで利用するためにその角度の大部分を維持することは、よいタイミングとクラブ・ヘッドの加速にとって重要なだけではない。それはプレーヤーがボールをダウンブローに打ってバックスピンをかけることを可能にするために絶対不可欠である。左腕とシャフトの間の角度が、ダウンスウィングの早すぎる段階で拡がれば、その時点でクラブ・ヘッドが低くなりすぎ、それ以後のアークはフラットになりすぎる。

トップの位置

ゴルフ・スウィングには、単一の動きで成り立つ部分はひとつもない。スウィングはいくつもの単純な動きを、スムーズでリズミカルな運動が達成されるまで混ぜあわせ、相互に関連させせ、調和させるプロセスである。

実際にクラブを振るとき、腰の回転とリストの動きをばらばらにおこなうことは、つまり一方が始まる前にもう一方を終えてしまうことは不可能である。しかしそれぞれの性質を説明するために、ちょっとした練習をおこなうことは可能である。

プレーヤーにわたしがすでに説明した方法でクラブを握らせ、ボールにアドレスさせる。それから両手が胸のほぼ真正面の、体から遠くはなれた場所にくるまで、体を動かさずに、手と腕でクラブを持ち上げさせ、クラブのシャフトが右肩の上を通るようにリストをコックさせる。つぎに、ボールから目をはなさず頭も動かさずに、背骨を軸にして体を回転させる。このボディ・ターンが完了したとき、スウィングのトップで達したいと思う位置とほぼ同じ位置にあることを発見するだろう。彼は正しいバックスウィングのなかに混ぜあわさっている二つの必要不可欠な動きを実践したのである。

さて、スウィングのトップの位置で注意しなければならないことはたくさんある。ストロークのこの段階についてだけでも、何ページも費やすことが可能だろう。しかし、さしあたりわたしが考えているのは、ダッファーはまったく気がついていないが、ストロークの成功に大いに関係のある事柄である。

スウィングのトップで、ロング・ショットではほぼ水平なプレーンにあるクラブのシャフトは、同時に目標よりわずかに右寄りの一点を指していなければならない。一流のプロゴルファーたちは例外なくみなそうしている。それは多くのビギナーたちのスウィングと違って、クラブをトップまで持ち上げるのではなく振り上げた結果である。

さて、重要なのはこのポジションからクラブがどのように下に向かって動き始めるかということである。スウィングのトップで両手を高く上げる必要があるために、ぎりぎりまで脇腹に接しているべき右ひじがそこからはなれてしまう。しかしながら、右ひじは目的もなく宙に浮くわけではない。右の前腕は斜めに、ほとんど垂直に地面を指し、フル・スウィングをおこなうのに必要な分だけ脇腹から引きはなされるべきである。

多くのプレーヤーがここまでは立派に成功する。ほとんどのプレーヤーがつまずくのはつぎのステップである。ボールを強打するすべての準備が整ったとき、人は右手に多すぎる自由を与えようとする衝動にほとんど抵抗できない。絶えず監視が必要なこの始末におえない手は、すぐに右肩前方にクラブを振り下ろすので、必然的にクラブは飛球線の外側からボールに接近することになる。その結果がダック・フックになるかひどいスライスになるかは、ボールとミートするときにクラブ・フェースが閉じているか開いているかによる。万一ほどほどのショットになったとしても、それはまったくの偶然にすぎない。

すでに説明したトップからのダウンスウィングの正しいスタートは、シャフトのグリップ・エンドが指す方向に向かう。クラブ・ヘッド側の端が目標よりもわずかに右を指すので、グリップ・エンドはボールがある垂直のプレーンからはなれることになる。いいかえれば、クラブ・ヘッドはダウンスウィングが始まるとすぐに飛球線に接近し始めるのではなく、まずいったん飛球線からはずれるべきである。

この動きの重要性はいくら強調しても強調しすぎることはない。右ひじはすぐに脇腹に近い場所におさまり、プレーヤーはボールをスクエアにヒットする用意ができたコンパクトな姿勢にある。これならボールをカット打ちする恐れはまったくない。

この動きをもっとはっきり目に浮かべるために、われわれがプレーヤーの正面に立って、プレーのラインと直角の方向から見ている、動きはすべてひとつのプレーンでおこなわれ、われわれに見えるのはクラブのシャフトとプレーヤーの左腕の肩から下だけだと想像してみよう。

クラブを軽く握り、手首と前腕がリラックスしているバックスウィングの始まりには、腰の回転と腕の動きから生まれたモーションによって、左肩からクラブ・ヘッドまでのほぼストレートなラインが折れてしまう。プレーヤーの正面から観察すると、そのラインはわれわれから見て左へ折れるが、それは手がその方向へ動き、リラックスした手首の関節がボールのほうに折れ曲がるからである。

この現象はスローモーション映画で見るとはっきりわかるが、それがすべての上手なプレーヤーのスウィングに共通するゆっくり吊り上げるような特徴の始まりである。

バックスウィングがさらに先へ進むにつれて、クラブ・ヘッドが追いつき、肩からクラブ・ヘッドへのストレート・ラインが復活するポイントを通過し、徐々にリストのコッキングを完成させるアクションを続ける。まっすぐにのびた左腕とクラブのシャフトの間の角度が最も鋭角になったとき、このコックの総量がわれわれに示される。興味深いことに、このコッキングの角度がどこで最大になってもあまり大きな違いはないらしい。バックスウィングの大きいプレーヤーは、ふつう腕が下り始める直前のいわゆるバックスウィングのトップで、この角度が最も鋭角になる。

しかしバックスウィングの小さなプレーヤーは、しばしば両腕がはっきり下に向かって動き始めたあとでもさらにこの角度を狭めるというか閉じ続ける。

しかし最大限のコックが厳密にはどこで得られるにしても、その角度がダウンスウィングの当初に拡がり始めないことが重要である。多くのプレーヤーは、ボールにクラブ・ヘッドを投げつけるのが望ましいと考えて、そのためにこの角度をあまりに早く拡げすぎる。その結果ボールをヒットしようとするポイントに達したときは、ヒットするためのコックがほとんど残っていないことに気づく。左腕とクラブのシャフトがストレート・ラインに戻ったとたんに、リスト・コックは使い果たされ、かわりに使えるのは破滅的な肩の回転だけになってしまう。疑いもなく、クラブの加速と慣性がこの角度をある程度拡げるに違いないが、ヒッティングにそなえてできるだけ鋭角を維持すべきである。

シフトとスウェイの違い

バックスウィングで左足から右足へウェートをシフトさせる必要はない、というのがわたしの持論である。一流のプレーヤーたちの写真を数多く検討したが、このようなウェート・シフトが目につくケースはひとつもなかった。しかしダウンスウィングではは右から左へのはっきりしたウェート・シフトがおこなわれるべきである――それはクラブを追いかけたり、クラブと同時進行したりするシフトではなく、すばやくおこなわれて、初めから終りまで腕とクラブをリードするシフトでなければならない。

よりすぐれたプレーヤーたちはボールにアドレスするときにほぼまっすぐに立つ。一流プレーヤーでボールにおおいかぶさるようにアドレスする人はめったにいない。上体がごくわずか前傾し、体重は両足に等分にかかり、できれば足の裏全体にまんべんなく配分される。いいかえればかかとでも爪先でも立たない。この姿勢からだと、正しいボディ・アクションはいかなるウェート・シフトやスウェイも伴わない純粋なターンまたはピボットである。

ダウンスウィングまたはヒッティング・ストロークはもうひとつの問題を提起する。そこにはシフトはあるが、スウェイは存在しない。アベレージ・ゴルファーはこのシフトとスウェイの違いを知りたがる。その違いはこうである。ウェート・シフトは正しい動きであり、それは腰の移動——ボールとの関連で頭と肩の位置を変えない、ボディの中間部分の水平移動である。一方スウェイは間違った動きで、ボディ全体を左へ動かし、その結果頭と肩も左へ動いて、プレーヤーのバランスを崩しやすい。

ウェートの扱い方にはよく目につく二つの間違ったやり方がある。よりダメージが大きいのは、スウィングのトップでウェートの大部分を左足にかけるやり方で、ビギナーはほとんど例外なしにこのやり方を好む。われわれはときどきこのトラブルの原因を見のがすけれども、その結果は見なれている。ボールをヒットしようとすると、かならずウェートが激しく右に移動して右足にかかる。プレーヤーはボールから遠ざかり、左足が宙に浮いて、バランスが完全に崩れてしまう。もうひとつの間違ったやり方もしばしば目にする。すなわちバックスウィングで体全体を右側に引き、トップでは全体重を右足にかけ、左足をまっすぐにのばした状態がそれである。この形で始まると、終りは急激にボールに突っこんでいく形になり、ほとんどの場合ボールはまともに飛ばない。

何人かのゴルファーのスウィングを観察すれば、たとえ肉眼でも、体重の移動がスウェイかシフトかを見分けるのは容易である。正しいボディ・アクション、すなわちシフトのひとつの特徴は、インパクト時とインパクト後に左脚がまっすぐにのびていることである。その理由を知りたければ、体の左側を示す線を見るだけでよい。その線は、頭を上げず、左腰が前に出る一方で肩を止めておくことによって長くなっている。同じく左脚に見いだされるスウェィの特徴は、インパクト時とインパクト後にかならず左ひざが曲がっていることである。全体重を左に投げだすことが左脚をまっすぐにのばす邪魔をするために、ひざが曲がるかプレーヤーが前のめりに倒れてしまうのである。

第四章

ボディ・ムーブメント

スタイルを作る

アベレージ・ゴルファーに必要なのは、精妙な理論よりも、クラブ・ヘッドでなにをなすべきかをわかりやすく教えてくれるものである。

ゴルフ・スウィングとは相互に密接に関連しなければならない一組または一連の動きである。どれかひとつの動きがわずかに変っただけでも、ほかのひとつまたは二つ以上の動きに変化が生じるし、コンスタントに高度なプレーをするためには、どの動きもほんのわずかな逸脱しか許されないとはいえ、ゴルフ・クラブを効果的にスウィングする方法はひとつだけとは限らないこともまた事実であり、この事実はいつまでも変らないだろう。

わたしはすぐれた理論展開に反対するものではないが、その理論は個人個人の必要およびスウィングの好みへの充分な配慮とセットであるべきだと信じている。また、プレーヤーはフォームの細部についてあれこれ悩む前に、自分の好みがなんであるかを知るのに充分なだけプレーすべきだとも考えている。

われわれが健全なスウィングとかよいフォームについて語るとき、その意味するところは、そのいずれかの持主はミスが起きにくい次元までスウィングを単純化した結果、常に正しいヒッティング・ポジションでクラブとボールをミートさせることができるようになった、ということである。われわれはストロークの細部についてあまりに多く語り、考え、書いた結果、ときおりきわめて重要な一事——すなわちボールをヒットすることを見失ってしまう。ある人がありとあらゆる無理な体の動きをしながら、インパクト時にはクラブとボールを正しい相互関係で結びつけてナイス・ショットを生みだす、というのは考えられないことではない。

そもそも理論とフォームについて論じる唯一の理由は、プレーヤーがこの正しい関係を実現しやすい方法を発見することにある。お粗末な方法では、ごくたまにしかその関係は実現しないだろう。完成された、健全な、コントロールされた方法では、プレーヤーは常に自信を持ってそれを実現することができるだろう。

ＰＧＡが作った超スローモーション映画が、ハリー・ヴァードンとわたし自身の方法を比較して見せてくれるが、それはひとつの動きなり姿勢なりがほかの動きなり姿勢なりに左右されること、そして結局のところ、重要なのはクラブとボールのコンタクトだけであることを実例によって教えてくれる。この映画はインパクトの瞬間にヴァードンの手がはっきりわかるほどボールの右側にあり、彼はミートするためにクラブ・ヘッドを鞭のように左に動かすのに対して、同じ時点でわたしの手はボールよりわずかに左にあり、クラブ・ヘッドが引っぱられて通過するのを示している。二人とも永年のプレーと経験から、クラブ・フェースを正しい位置に持ってくるためには、その方法でクラブを扱わなければならないことを知っていたのである。そして二人ともストロークのどこかほかの部分のことを考えながらも、意識下では、それぞれのタッチの感覚を通して、よいショットが生まれるとわかっている方法でクラブ・ヘッドを振りおろすのである。両者のこの違いの理由は、クラブを握る手の位置の微妙な違いに見いだされる。すなわちわたしの左手はヴァードンの左手よりもわずかにシャフトにかぶさっている。もしもどちらか一方が相手と同じ方法でボールを打たなければならないとしたら、間違いなくミス・ショットになるだろう。

これはすべてのゴルファーが身につけなければならない感覚である。ビギナーは常に正しい位置でクラブをボールに当てる決意を持ち続けなければならない。それはフォームが固まらないうちは容易ではないが、より簡単にフォームを身につける最も確実な方法である。上級者は無意識のうちに間違いを修正する。一瞬のうちに伝わる電信システムが、ボールをヒットし始める瞬間に、なにかが間違っていると彼に伝える。そして最後のどたん場で、おそらくいつも完全に機能するとは限らない筋肉が、何度も完全に機能して、充分役に立つ存在であることを証明する。

重大な欠陥

トップ・オブ・スウィングから右手でヒットすることは、ほかのいかなる欠陥にも劣らず多くのショットを失敗させてしまう。ダウンスウィングを正しい軌道からはずして力まかせに引きおろし、リスト・コックを早く使いすぎることによって、ダック・フックから一人前のシャンクまでなにが飛びだしても不思議はない。右手がトップで主導権を握ると、プレー・ラインの内側からボールに近づくことは不可能になってしまう――そしてほとんどすべてのゴルファーが、とくにボールを強打しようとするときに、この弊害に陥りやすい。

その矯正法または予防法には主として二つの意図がある。ひとつはバックスウィングで右腕をできるだけ完全にリラックスさせることであり、もうひとつはどれほどハードにボールをヒットしようとするときでも、ほどほどのペースでダウンスウィングを始めることである。この処方箋はべつに複雑難解ではないが、わたしはどんなプレーヤーにもかなりよく効くと確信している。

右腕をリラックスさせるということは、とりもなおさず右腕がボールからクラブをひょいと持ち上げ、その結果あまりにアップライトすぎるプレーンでスウィングを始めるのを防ぐことである。それはまたクラブをスクエアに振り上げる役目を体の左サイドにゆだね、その結果左サイドにクラブを押し戻させる。しかし、それと同じくらい重要なのは、右腕がリラックスしているかぎり、右ひじが脇腹からはなれて宙に浮く心配がないことである。右ひじはバックスウィングのトップによって引きはなされるまで脇腹にぴったりおさまったままだが、緊張はしていない。

このように、リラックスした右腕は正しいヒッティング・ポジションに到達するのに大いに役に立つ。それはクラブを持ち上げるアクションではなくスウィングするアクションを保証する。腰の充分なワインドアップを促す。クラブがインサイドからおりてこられるようなテークバックを可能にし、左手に主導権を握らせる。

ダウンスウィングはゆっくり始めなければならないことを常に念頭におく必要がある。なぜならそれこそ最も重要な段階でスウィングを狂わせないようにする手段だからである。トップ・オブ・スウィングに達して、ダウンスウィングに移ろうとするとき、持てるパワーのすべてを使おうとする傾向がある。そのときに右手をあまり早く使いすぎると多くのトラブルが発生する。しかしリストがコックを保っている間に右ひじを体側に戻すことだけを考え、ゆったりしたペースでそれをおこなえば、正しい始動が可能になって、スウィングのスピードをあげ、それを効果的に利用することができる。飛球線に沿って、またはインサイドから飛球線と交差するようにボールをヒットすることを可能にするのはこのアクションである。

ボディを有効に使う

アベレージ・ゴルファーがひどいスライスの理由というか言訳としてあげることのひとつに、ボディの参加が早すぎたというのがある。この考えは腰と背中の充分な使用（アベレージ・ゴルファーはまさにこの点を最も怠っていると思う）をはばむことになりかねないし、おまけにそれは十中八九間違った考えだから、ダウンスウィングにおけるボディ・ムーブメントについての若干の考察が参考になるだろう。

わが国の一流プロたちを撮った多くの映画を見ると、この問題を論じるうえで重要な三つの共通した特徴が明らかになる。まず第一に、腰の巻き戻し――つまりボールに向かっての回転は、クラブがバックスウィングの終点に到達する前からすでに始まっている。第二に、左かかとはダウンスウィングのごく早い時期に、まだ両手が肩の高さかそれより上にあるうちに地面に戻っている。第三に、インパクトで腰はアドレスの位置を通りすぎてターンし、この時点で下半身はほぼホールのほうを向いている。だから、正しいスウィングにおける腰の巻き戻しはきわめて迅速におこなわれると結論せざるを得ない。

わたしは野球のピッチャーが試合前にウォーミング・アップをするときに、それとまったく同じ動きを示すのを何度も見ている。投球動作の始まりとなるすばやい腰のひねりが、スピードと耐久力を増す重要な慣性を生みだしていることは疑いない。もしもピッチャーが腰の動きを省略するか、役に立たないくらい遅らせるかすれば、九回投げ終るころには疲労困憊しているだろう。

腰の巻き戻しがボールをヒットする動きをリードするとき、ゴルファーが獲得する慣性は、ピッチャーのそれに勝るとも劣らないくらい重要である。一例をあげるなら、それはゴルファーがインパクト時に目に見えて少ない力ではるかに速いスピードに達することを可能にする。

わたしはこの考えを試すために、ドライバーのフル・ショットで腰を早く回しすぎることを何度もやってみた。だがよいフォームの基本を守っているかぎりそれは不可能なことがわかった。実際のところ、腰の回転を遅くするか、早く止めてしまいすぎることが、多くのミス・ショットの原因であることをつきとめることができた。

アベレージ・ゴルファーがトラブルを経験する理由は、通常二つのうちのどちらかひとつである。すなわち巻き戻しに先行して調和しなければならない左への腰の動きまたはシフトを省略するか、頭と肩も含めた体全体を動かして、いわばボールに突っこんで行くかである。体重の大部分を右脚にかけるか、クラブを振りおろすときに右脚で立つならば、ボールのカット打ちは避けられない。

正しいスウィングにおいては、ダウンスウィングの始まりで、目に見えるほどの巻き戻しがおこなわれる前に腰がわずかに左へシフトすべきである。わたしはエイブ・ミッチェルの、「プレーヤーは彼自身の下で自由に動くべきである」という表現が気に入っている。いいかえれば、頭と肩はこの最初の動きのなかで腰と一緒に動いてはならない。

わたしはクラブがまだ右側へ動いているうちに、腰の回転でダウンスウィングをリードした結果として、左サイドと左腕、腰から手にかけて感じる張りにしばしば言及してきた。つぎに両手がほとんど垂直におりてきて、左肩の下で右肩を動かし始めると、そのポイントからスウィングは目標に向かってほぼストレートなライン上でボールを打ち抜くことができる。

このようにしていくつかの動きを試してみた結果、腰を早く回しすぎることは不可能なことがわかった。プレーヤーがこれとは著しく異なるやり方でボディをショットに参加させるとしたら、それが早すぎる早すぎないにかかわらず間違っている。

ダウンブローで打つ

熟練したプレーヤーたちは、ティーからの、あるいはフェアウェイからの最大の飛距離は、スウィング・アークの最下点またはそのわずか手前でボールを打つことによって得られることを発見した。ゴルフ・ボールにオーバースピンをかけて飛ばすことができるという考えは完全な幻想だが、地面と平行に動いているクラブ、あるいはわずかに上向きに動いているクラブで打たれたボールには、最小限のバックスピンしか生じない。このように打たれたボールはアーチ型の放物線を描くので、着地したあともまだある程度転がる余力を残している。また、この打ち方をされたボールは向い風にも強い。

これにはもちろん、アベレージ・ゴルファーにはないものねだりのコントロールが必要である。ほとんどの場合、コントロールは距離よりもはるかに重要であり、バックスピンにはボールのフライトを安定させる効果がある。アベレージ・ゴルファーはこのコントロールされた打ち方ですべてのショットをプレーすることを、全力をあげて学ぶべきである。とりわけ、くぼんだライまたはダウンヒル・ライからは、掬《すく》い打ちではボールを上げられないことを知るべきである。ボールを上げるには、逆にバックスピンに頼らなければならない。

最大限の飛距離が望まれるドライバー・ショットとフェアウェイからのロング・ショットを除いて、すべてのストロークはクラブがまだ下降するアークを描いているうちに、ボールとミートすべきである。下降の角度は、地面とすれすれに通るウッドから大きくターフを取るピッチング・クラブまでさまざまだが、ボールのフライトをコントロールするためにはダウンブローによって生みだされるスピンが必要である。

くぼんだライからウッド・クラブをボールの下に入れて打ち上げようとするプレーヤーは、間違いなくその結果に失望するだろう。ボールより先に地面を叩くか、それに失敗して、最下点を通りすぎて上向きになったクラブでトップ・ボールを打つはずである。この種のショットはボールをダウンブローに打って、スピンでボールを上げる方法でしかプレーできない。すでにお気づきだと思うが、同じ芝の薄いライでも、登り傾斜のそれよりも平らな地面のそれのほうが打ちやすいのはこの理由による。下降するアークが必要なのはどちらも同じだが、一見打ちやすそうな登り斜面が体の動きをより難しくする。

ダウンブローでスウィングすることを学ぶまでは、難しいライからボールを上げることも、どんなクラブでも真に効果的なバックスピンをかけることもできないのを知っているアベレージ・ゴルファーは、コンスタントにこの成果をあげるためにはなにをしなければならないかを知るべきである。ボールをダウンブローに打つだけでは充分ではない。実際、ほとんどすべてのダッファーがダウンブローで打ち始める。しかし同時に彼は激しくボールをカットする。体重の大部分を左足にかけるか、バックスウィングの最中に体重を左足にシフトするので、ヒッティングの段階になると体が右足の上に倒れ、クラブはアウトサイドからプレーのラインとクロスする。当然のことながらこれではだめである。ショットを成功させるためには、ダウンブローはほぼボールを飛ばそうとするラインに沿って導かれなければならない。

もちろん、ひとつのショットを正しくプレーする方法を詳しく説明するためには、正しいスウィング全体を説明しなければならない。しかし、以下に述べるのはブローの方向に直接影響する要点である。まず最初に、トップ・オブ・スウィングでの体重の配分は、ヒッティングでバランスを保つために右足で立ってそっくりかえらなくてもよいような比率でなければならない。つまりこの時点で体重がより多く左足にかかってはならない。両足にほぼ均等に体重をかけるのが正しく、これはアドレスで左右均等に体重をかけることから始めて、どちらにも体重を移すことなく胴体をターンさせてバックスウィングを完了させることによって達成される。

バックスウィングで腰のターンが完了したあと、巻き戻しはクラブ・ヘッドがボールに向かって切り返しを始める前に始まらなければならない。同時に腰はスウィングの中心を左へ動かすために、わずかに左へシフトしなければならない。スウィングの中心はいかなる場合も右へ動いてはならない。なぜならそれでは掬い打ちかカット打ちしかできなくなってしまうからである。

これだけを正しくおこなえば、ダウンブローで打つことが可能になる。だが手がクラブを早く動かしすぎると、とたんにぶちこわしになってしまう。左腕とクラブ・シャフトが作る角度は、左腰の巻き戻しが始まるにつれて左腰に引っぱられて、なおも上がり続けるクラブに対してさらに鋭角になっている。もしもプレーヤーがヒッティングを急ぐあまり、トップからいきなりクラブ・ヘッドを投げだし、その結果リスト・コックがほどけてしまえば、ダウンブローで打つ望みはたちまち消えてしまう。ダウンスウィングのアークはすぐに正しい軌道からはずれてしまい、主として肩と腕だけで掬い上げるように打たないかぎり、クラブ・ヘッドをボールに当てることはできない。これは実に多くのゴルファーが思いっきり強打しようとするときに犯すミスである。

リスト・コックはダウンスウィングの早い段階を通じて保たれなければならない。慣性は腰の巻き戻しから生まれなければならない。同時に右ひじは下におりて脇腹に密着しなければならないし、スウィングはプレーのラインの内側に保たれなければならない。それならヒッティングのときにほぼ飛球線に沿った方向にクラブを導くことができる。

インサイド・アウトは是か非か

インパクト時のクラブはインサイドからアウトサイドへ動くべきか、それともプレーのラインと平行に動くべきか？　その答えはストレートに飛ぶショットを打ちたいときは、クラブがボールとコンタクトするときに意図した飛球線に沿って動いていれば、すなわちクラブ・フェースがプレーのラインに対してスクエアであれば、その目的が達せられる。クラブ・フェースの向きまたはその動きの方向が狂えば、間違いなくボールを飛球線からそらすか、空中で曲がる原因のサイドスピンをかけることになる。たいていのプレーヤーはボールをアウトサイド・インに打つかカット打ちする傾向があるがゆえに、インサイド・アウトに打つ努力をすることが望ましい。

　もしもプレーヤーが実際にクラブ・ヘッドをプレーのラインの内側から外側に振って、ボールの位置でラインをクロスすることに成功したら、結果は手のつけられないフック・ボールになる可能性がある。クラブ操作に巧みでスウィングに自信がある熟達したプレーヤーは、この方法で——つまりストロークをわずかに外側へ向けること——コントロールされたフックまたはドローを打つ。しかしこの方法はアベレージ・ゴルファーには難しすぎる。彼は目標に向かってストレートに振り抜くことができる段階に達したら、それで満足すべきである。

　ゴルフでは、プレーヤーの頭に、自分がクラブ・ヘッドでなにをするつもりかというはっきりしたイメージがあることが常に重要である。

　悪戦苦闘するアベレージ・ゴルファーの大部分は、スウィングの正確なイメージを思い描くことができない、といってもいいすぎではないだろう。ボールの前に立つと、ありとあらゆる推奨事項と禁止事項がごっちゃになって、すっかり頭が混乱してしまう。頭に浮かぶイメージに多少不正確なところがあるにしても、設計図がまったくないよりはましであるが。

トラブルを招いた原因のひとつに、多くの人々に見られる〝ボールにクラブ・ヘッドを投げつけようとする〟試みがある。未熟なプレーヤーの大半が悩まされるスライスという病気に、とくにこの傾向が強い。ひどいカット打ちをレート・ヒッティングのせい――つまりクラブ・フェースを引きおろすのが遅れたせい――にするのは難しくないし、それを修正するわかりきった方法は、手を止めてクラブ・ヘッドを鞭のように走らせることである。

この方法の最大の難点は、かならずといってよいほど避けようとするミスをさらに大きくするか、なお悪いことにボールの頭を打ってチョロしてしまうことである。ここではインサイド・アウト理論に、達成すべき目標としてではなく、スライスを矯正するための努力目標としてチャンスを与えるべきだと思う。

わたしが思い描くイメージは、クラブ・フェースをボールに向けて飛球線沿いにまっすぐヒットするそれであり、この理想を実現するためにはインパクト時に両手をクラブのわずか前に〝見る〟のが有効であることを発見した。バックスウィングで開いたクラブ・フェースはもちろんダウンスウィングでまた閉じられなければならないが、この操作は両手を止めることなしに左手によっておこなうことが可能だし、またそうすべきである。ボールを打つ前にクラブ・ヘッドが手より前に出ることを許すならば、インサイド・アウトはおろか飛球線に沿って打つことも不可能である。

最盛期のレオ・ディーゲルは、おそらく世界一正確なアイアン・プレーヤーだった。あるときの彼はどのアイアン・ショットもホールのフラッグに当りそうなほどで、そんなときに両手がはっきりわかるほどクラブ・ヘッドより前にあるのが彼の特徴だった。彼のショットを見ていると、クラブが左サイドに引っ張られて抜けてゆくという印象を受けた。

手がボールより前に出るこのイメージは、よいフォームに必要不可欠と認知されているいくつかの要素を自動的にカバーする。このイメージが正しい方向へのブローを促すだけでなく、パンチがわずかに下へ向かうこと、そして体重が左に移動してストロークに流れこむことをも保証する。クラブ・ヘッドを鞭のように振って両手よりも先行させようとする試みは、ほとんどの場合プレーヤーの体重を右足にかけさせるが、これは絶対に許されない過ちである。

ストロークの他のあらゆる側面と同じように、ここでも誇張は避けられなければならない。実際にクラブ・ヘッドを遅らせすぎるプレーヤーもいるが、スライスで悩むプレーヤーは、自分のスウィングをチェックしてみて、手とボディを止めすぎていないかどうかを確かめても損はないだろう。熟達したプレーヤーのなかには、インパクト時に両手がボールの3、4インチ先にある人さえ珍しくない。

脚を正しく使う

クラブがボールに近づくにつれて、いつも右脚が沈みこんでしまうプレーヤーをよく見かける。この現象は彼のスウィングに関節がはずれたような頼りない印象を与え、もちろんストロークをコントロールする可能性、あるいは正しい方向へのブローの可能性をゼロにしてしまう。しかしこの欠点は同じように左脚にも見られる。ひざの曲がりを強調するあまり、ボールに近づいても脚をのばさないという過ちを犯したからである。左サイドの正しい処理さえ覚えれば、右サイドのトラブルはまず起こらない。

脚の動きで注意すべき最も重要な二点は、まず第一に、ダウンスウィングを開始したとき、両ひざを、頭と肩が目に見えて沈みこむほど深く曲げないことであり、第二に、クラブがボールに近づくにつれて、両脚はパワーの源泉である上への推進力を生みだす準備をしておくべきである。ゴルフ・スウィングの映画を見たことがある人ならだれでも、ダウンスウィングで両手がほぼ腰の高さまでおりたときにプレーヤーがとる中腰の姿勢を知っている。その先は左脚がまっすぐにのびて、ミート直前の力強い上への推進力となって急激にピークに達する。当然のことながら、この動きに引っぱられて右脚もまっすぐにのびる。

両脚の正しい使い方は、ゴルフではほかのなによりも重要である。なぜなら熟達したプレーヤーは大地との接触を重要視するからである。ゴルファーもしっかりした土台を重視するスポーツの法則の例外ではない。

ルック・アップについて

ゴルフはプレーするのも教えるのも難しいほうのゲームのひとつにかぞえられる。その理由のひとつは、だれもがやむをえずフィーリングでプレーするが、フィーリングというのは教えることがほとんど不可能なものだからである。もうひとつの理由は、ある種の欠点は直接攻撃では矯正できず、別のことに注意を向けている間に矯正しなければならないことである。わたしの経験では、頭を動かすな、ボールから目をはなすなという注意は、ほとんどの場合この後者のはんちゅうに属していた。なぜなら、ボールから目をはなさず、頭を動かすまいとする人の大部分は、間もなくそのせいでこちこちに緊張してしまうからである。

わたしはボールの表面の一点を選んで注視する方法が役に立つという人に何度か出会ったことがある。しかしプロや上級アマチュアはみな例外なしに、ボールの一点またはボールそのものに意識的に視線を固定することはないという。彼らはただボールがある場所を意識するだけで、おそらくストローク中ずっとボールを見ているが凝視してはいない。

さらに一歩先へ進んで、一流プレーヤーはふつうのストロークをするときに、ボールを打ったあともほんの一瞬顔を下げたままにしておくことに気づく人たちもいる。ある者はこれを早くルック・アップしすぎるのを避けるために、ボールが飛び立った場所から目をはなさないようにする努力の結果と解釈する。しかしその解釈はほとんどの場合当っていない。そう考える人々のだれ一人として、バックスウィングが始まった瞬間からボールのフライトが終るか障害物にさえぎられて見えなくなるまで、ボールを視界にとらえていなかったことに気づいているかどうかは疑わしい。

ルック・アップの危険性は明らかにショットの長さに反比例して増大する。ドライバー・ショットかアイアン・ショットをプレーするときには、ルック・アップ現象はめったに見られない。ときに顔が上がってショットをミスすることもなくはないが、わたしはその原因はボールから目をはなしたことよりも、ストロークの別のところに生じた抵抗で顔が上がってしまったことだと思う。いいかえれば、顔が上がったことはひとつのメカニカルな欠陥から生じたもので、それ自体がトラブルの引金ではない。チップ・ショットとパッティングではおそらく事情が違う。ヒッティング・エリア内はクラブがボールから目をそらさせる危険が最も多い場所である。フル・ショットではクラブ・ヘッドの動きが速すぎるために妨害が入りこむ余地はほとんどない。しかしパッティング・グリーンでは、プレーヤーがストロークを始める直前の最大の関心事はクラブ・フェースのアラインメントを正確におこなうことである。そしてパターのヘッドは常に目の前にある。となると目または視線よりもむしろ注意力をボールからそらさせる危険がある。

わたしはある期間パッティングの不調が続いたとき、ついにその原因はひとえに、テークバックでパターのブレードがボールからはなれるときにそれを目で追ってしまうことにある、という結論に達した。もちろん唯一の療法は視線がボールから引きはなされないようにすることだったが、そのときでさえ肝心なのはボールを見ることではなく、むしろパターのことをあれこれ考えないようにすることだった。ホールまたはラインがわたしの注意力を引きつけたとしてもおそらく同じことだったろう。よいパッティングをするためには、ラインを決めることとボールを打つことを完全に区別することが最も必要である。ひとつの仕事を片づけてからつぎの仕事に注意を集中するのが常に最上の策である。

第五章　ショート・ショット

短いショットの常識

いつか90台後半で回る男と一緒にプレーしたことがあった。ところが、彼がどんなゴルフをしたかといえば、５００ヤード台の二つのホールで第二打をグリーンから40ヤード以内まで運んだほどだった。ある程度長くゴルフをやっていて90を切れないとしたら、その原因はグリーンまわりのショットにある。もちろん、必要な距離が出ない老人や、毎ホール大きくボールを曲げてしまう荒っぽいゴルファーは例外である。それ以外のプレーヤーで常時コースに出ている人なら、二打でグリーンへのショート・ピッチの距離までボールを運ぶことができる。彼らがストロークを浪費し始めるのはそれから先である。

ショート・プレーの重要な部分のひとつはジャッジメント、すなわち正しいクラブと正しいショットの選択である。多くの不必要な損失は難しすぎるショット――バンカー・エッジから近すぎるピンへのピッチ・ショットや、バンカーからのクリーンなチップ・ショットなど――をしようとするために生じる。ほどほどの結果では満足できなくて、百回に一回も成功する見込みのないことをしばしば試みる。

ショート・ショットは理屈の上では最も易しいプレーのはずである。事実プレーヤーがリラックスし続けることさえできれば、それは最も易しい。ショットのメカニックスはより単純だし、必要とする力はかなり少ない。しかしグリーンまたはホールに近づけば近づくほど、クラブをスウィングし続けることが難しくなる。のびのびとしたスウィングで苦もなくドライバーのフル・ショットをやってのける人が、20ヤードのピッチ・ショットを前にすると全身が硬直してしまう。

グリーン近くからのピッチ、チップ、あるいはバンカー・ショットでは、上級者とダッファーの打ち方に大きな違いがある。前者のスウィングは充分に長くてスムーズでゆったりしているのに反して、後者のそれはクラブが充分にテークバックされないために、短くてぎくしゃくしている。

ふつうのショットで充分用が足りるときに、バックスピンをかけたハイ・ピッチを企てるのは間違っている。めざましいショットは成功すれば気分爽快だが、平均して結果はあまりよくない。タイミング、コントロール、正確性の必要が増すにつれて、長い目で見ればコンスタントに好結果が得られる率は低下するだろう。

適度のロフトを持つクラブよりも大きなロフトを持つクラブでショットをコントロールするほうが難しいのはわかりきっている。したがって、大きなロフトを持つクラブはどうしても必要なときがくるまでバッグにしまっておくべきである。しかしながら、バンカーまたはほかのハザード越しにピッチ・ショットをおこなう必要が生じたときは、ロフトのあるクラブを使わなければならない。ふつうのショットの場合には、ロフトの少ないフェースを持つクラブよりも適度のロフトを持つクラブでプレーするほうがより安全である。しかしホールに向かって常にピッチ・ショットをするプレーヤーは、いつも目の前にハザードがある状態でプレーしているも同然である。彼はより安全な方法を利用することを知らない。

わたしがフェアウェイにあるボールを打つとき、バッグから九番アイアンを引き抜く状況が二種類あった。ひとつはバンカーまたはほかの障害物越しのピッチ・ショットが必要で、ふつうのショットで使うほかのどのクラブでもボールを止められないとき、もうひとつはボールがどんな打ち方をしてもたくさん転がってしまうような悪いライにあるときだった。

もちろん、ライはボールがどれだけ転がるかを判断する際の重要な要素である。プレーヤーが踏むべき正しい手順は、まずこれからおこなうショットを思い浮かべ、ボールをどこに落とすか、落ちたボールがどれだけ転がるかを判断し、最後にクラブを選択してその結果を生むショットをおこなうことである。常により単純なショットを選び、ロフトの大きいクラブを使うのは、ボールを止めるためにはそうせざるを得ないときだけにする。

ピッチ・ショットのテクニック

ピッチ・ショットのストロークは、たとえどれほど短い距離であっても、手首と手だけでおこなってはならないし、その二つと一緒に腕を使ったとしてもまだ不足である。ショットの長さにに応じて、ボディおよび肩の回転と脚の使用がほかのどのストロークとも同じように必要である。それどころか、クラブ・ヘッドをスウィングすることは、どちらかといえばほかのショットよりもピッチ・ショットにおいてより重要だとわたしは考えている。このスウィングはゆったりとしていて、充分な長さがあり、ボールを打つ瞬間は目に見えて歯切れがよくなくてはならない。

バンカーを越えてすぐのところにボールを落とすときに必要になるごく短い距離のピッチ・ショットは、なみのプレーヤーがマスターするのが最も難しいショットのひとつである。要求されるデリケートなタッチと、成功するために必要な高度の正確性のせいで、この種のショットはほかのショットに比べて完全な失敗に終ることが多いようである。ピッチ・ショットがある程度上達しないプレーヤーは、効果的なストローク節約手段のひとつを犠牲にすることになる。設計のすぐれたコースでは、ほとんどすべてのグリーンが両側をバンカーでガードされているので、アプローチ・ショットでバンカーに届かないほどショートした場合は、つぎにこの手のショート・ピッチをプレーする必要に迫られる。

　このショットを失敗する人々に最も多く見られる欠点は、ボールの上にかがみこみすぎることとである。距離が短く、プレーヤーにはデリケートなシチュエーションがよくわかっているので、なによりもまずできるだけ用心しようと考える。このような慎重な態度でショットをおこなおうとするとき、クラブを短く持って、ショート・パットを沈めようとするときとまったく同じように、できるだけボールに近くかがみこんだ姿勢をとろうとするのも無理はない。

　すぐれたプレーヤーたちはこのショート・ピッチを、五番アイアンのフル・ショットをするときとほぼ同じくらいまっすぐに立ってプレーする。この方法で注目に値するひとつの特徴は、たとえこれほど短い、ゆったりしたストロークにあってさえ、左腕がまっすぐにのびていることとである。より短いクラブを使うには体を腰のところでやや傾ける必要があるが、その前傾はボールがより長いアイアンのショットのときよりもずっと足の近くにあるという事実によって相殺される。

　こうしたショート・ピッチでは、わたしはクラブ・フェースを開き加減にして、長く、ゆったりとストロークし、芝の上にあるボールの最下端を鋭く振り抜くことをすすめる。これがうまくいくと、ゴルフ・ゲームのなかでも最も美しいショットが生まれる。

バックスピンの性質

一般にショート・アイアンでバックスピンのかかったショットをするときは、クラブ・フェースが完全にオープンになる形で――つまり空を向くような形でクラブを振らなければならない、と信じられている。同じことを別の言葉で表現するならば、左手の甲が上を向かなければならない。この教えの目的は、リストの返しまたは回転を防ぐことであり、リストのこの動きはオーバースピンを生んで、空中のボールを右から左へブレークさせると考えられていた。

事実インパクト時のオープン・フェースはスライス・スピンを生み、強調されたリストの返しはふつうフックを生む。しかしフックもスライスもバックスピンとは無関係であることが、少なくともわたしには納得がゆくまで実証されていた。おそらくジョック・ハッチソンは現存するいかなるゴルファーよりも早く、どんな種類のショットでも止めることができた。わたしは彼が驚くほど強いスピンをかけて、ボールを5、6フィートも戻すのを数回見たことがある。しかしジョックはいつもグリーンに乗せるすべてのショットを、好んではっきり目に見えるドローで打っていた。彼はフック・ボールでもバックスピンをかけられるという証拠を示すことができた。

バックスピンはサイドスピンではないし、クラブ・フェースでボールをカットすることでは得られない。ボールを止めるスピンはロフトのあるクラブとボールがコンタクトした自然の結果である。もしもクラブにロフトがなければ――つまりクラブ・フェースが垂直ならば――打撃のすべての力はボールの中心に向かい、いかなるスピンも生じない。

しかし八番アイアンにはおよそ45度のロフトがあり、それでボールを打つと、まったくふつうの打ち方をした場合でも、その力のかなりの部分がボールの周辺に伝わり、スピンがかかり始める。最大のスピンはむろん180度[注※]（＝0度）のロフトを持つクラブによって生みだされる。八番アイアンはボールを前に進めながら同時にスピンをかける妥協策である。

オープン・フェースの打ち方の難しさは、それを実行しようとするときにストロークの上向きのアークでボールをとらえる危険があることである。そのときクラブ・フェースはそのフェースのプレーンに対してほとんど直角の進路で動いていて、ロフトのまったくない仮想のクラブに接近し始める。このショットは歯切れのよいしっかりしたダウンブローのパンチ――スピンを生みだすショット――ではなく、まったくコントロールのきかないロブになってしまう。

このショート・アイアンによるピッチ・ショットのアイディアを得たことは、わたしにとって大きな収穫だった。クラブのロフトを信頼し、なにもかも自分でやらなくてもよいと気がついたおかげで、大いに自信を深めることができた。クラブとボールのクリーンなコンタクト、それにしっかりヒットすることだけを考えていればよかった。

すべてのゴルファーが、ハーフ・トップしたショート・アイアン・ショットが強いバックスピンでグリーン上でぴたりと止まるのを見て驚いた経験を、一度や二度はしているだろう。もちろんこれはクラブがボールの中心のすぐ下をダウンブローでヒットした極端なケースであり、より大きな力がボールの周辺に加わって、さらに強いスピンが生みだされるのである。

チップ・ショットとパッティングの違い

わたしは長い間一本のランニング・アプローチ用のクラブを使用していた。それはシャフトを切りつめた旧式のクリークで、事実上はロフトのあるパターといったところだった。わたしはこのクラブをあらゆるチップ・ショットとランニング・ショットで使い始め、常にそれをパターと同じように振ることを心がけていた。だが、やがてチップ・ショットを長いパットと同じものとみなしてプレーしてはならない多くの理由を発見した。

まず第一に、ほとんどすべての重要なパッティングはホールから半径40フィート以内の、デリケートで正確なタッチが要求される速いグリーン上でおこなわれる。この理由で繊細で鋭敏なグリップを身につける必要があり、アドレスでは大きな動きよりも正確さへの配慮を優先しなければならない。いいかえれば、パッティングのスタイルとグリップは、グリーンの最も遠いエッジからのストロークを容易にするのではなく、より短い距離に最も適する形に作りあげられる。当然プレーヤーにとっては、40フィート以上の距離からよりもそれより短い距離からのほうが、パターの扱いが易しい。

バックスピンの要素はときにチップ・ショットにおいても重要である。ボールの転がりを制限するために、チップ・ショットにわずかにスピンをかけることが望ましいこともある。もちろんこれはパターのゆったりした掃くようなストロークでは不可能で、より長く、もっと歯切れのよいブローによらなければならない。

チップ・ショットがどこでその分類からはみだして、ランニングまたはピッチ・ショットになるかを規定するのは難しい。両者の間にはっきりした境界線はないからである。しかしパッティングとほかのすべてのショットの間には明確な一線が存在する。そしてプレーヤーはこの区別を認識するほうがよい。お望みならチップ・ショットではたんにアイアンのストロークを小さくするだけと考えてもよいが、パッティングを拡大解釈してほかのショットもそのなかに含めるのは禁物である。

ショットに合わせたクラブ選択

二十年前なら一本のクラブと三種類の方法でプレーしなければならなかった異なる距離からのショットが、今は三本のクラブによって同じ方法でプレーされる。スウィングを変えるよりはクラブを変えるほうがはるかに容易なことはだれでも知っている。

このようにクラブの本数が増えることの利点にいち早く気がついたのはアベレージ・ゴルファーたちだった。彼らはきわめて短い距離のショットを除けば、もはや一本のクラブの飛距離をカット・ショットやスウィング幅の縮小によって抑える必要もないし、それを試みもしない。ほとんどあらゆる距離に適合するクラブが存在するから、それらを使ってフル・ショットする。

にもかかわらず、わたしの観察によれば、ショットのメカニカルな側面はもっと単純化できるのにそのことが見落とされている。なぜならショート・ゲームでもより多くのクラブの組み合わせが効果を発揮することが、一般に認識されていないからである。スウィング自体を変えなくともロフトの違うクラブによって異なる距離を打ち分けられるように、きわめて距離の短いアプローチ・ショットにおいても、難しいカット・ショットやデリケートなバックスピン・ショットに頼らずに、ロフトの違いを生かしてピッチ・ショットからランニングまでを打ち分けることができるのである。

これを知らないのは明らかに愚かなことである。ところが驚くべきことに多くのプレーヤーがあらゆる種類のチップやショート・アプローチを、同じ一本のクラブでおこなおうとする。おそらくあなたは、自分のボールがグリーンの近くにあるのを見たとたんに、すかさずバッグからシャフトを短く切りつめた五番アイアンか三番アイアンを引き抜く人を知っているだろう。彼はいつもそうしてきたからという理由で、すでにそのクラブを使うことに決めていて、おそらくボールがどんなライにあるか、カップがどこに切られているかといったことは考えもしない。

ある種のクリーク、またはシャフトが短く、ロフトの小さなランニング用のクラブは、グリーン・エッジから少しこぼれたところからのショットに有効である。この場合、よりロフトの大きなクラブは確実性に欠ける。ここでおこなわれるショットはパットにきわめて近く、長い芝の部分を1フィートか2フィートだけボールをキャリーさせてやればよい。しかしボールがグリーン・エッジから遠ざかり、ホールがエッジに近づくにつれて、まったく違うショットが必要になる。

ごく例外的なケースを除いて、パッティング・グリーンほどスムーズでない途中の部分をキャリーで越えて、グリーン・エッジにピッチするほうが賢明であり、この種のショットをする場合はカットやバックスピンを試みずにふつうのストロークをおこなうほうが望ましい。このショットは、ピッチの距離が長くなり、転がる距離が短くなるにつれて、ほとんど常によりロフトの大きなクラブに変えることによって可能になる。

わたしはチップ・ショットと呼んでもよいショットのためには、三番アイアンから九番アイアンまでのあらゆるクラブを使ってきた。急なダウンヒルのスロープに向かってプレーするときには、介在するスペースが数フィートしかないときでも、そこを転がすよりは九番アイアンでピッチするほうがより確実である。そしてよりロフトの少ないクラブでバックスピン・ショットを試みるよりは、ロフトの大きなクラブでふつうのショットをおこなって、ふつうにボールを転がすほうが常により容易だし、より安全である。

短いショットの基本

ビリー・バークは、チップ・ショットではクラブを大きくテークバックするよう心がけることが重要だといっている。かつての全米オープン・チャンピオンは、自分の経験を引合いに出して、ラウンドのスタートに当って、最初の何回かのチップ・ショットでは充分なバックスウィングをとるよう心がけたものだった、と語っている。最初の二、三回を正しく打てると、もうだいじょうぶだと確信できたという。

ビリーの言葉には少なくとも二つの教訓が含まれている。ひとつは、長いバックスウィングはどんなときにも必要であり、とりわけゴルファーたちがオーバー・スウィングの危険性について語り始め、よりコンパクトなスウィングから生まれるより正確なショットについて語り始めるときに、なおのことその必要性が増すという教訓。

もうひとつ、これに劣らず重要なのは、ゴルフにおいて最初の一歩を正しく踏みだすことの重要性である。

第一の教訓は、短いショットの大部分は――ピッチであれチップであれ――長さの不充分なバックスウィングによって失敗に追いこまれる、というわたしの持論――とりわけわたしの気に入った――を裏付けるもので、われわれはホールに近づくと常に短かすぎ、早すぎるバックスウィングでボールを打つ誘惑に駆られ、その結果すべてのリズムとコントロールを失ってしまう。

わたしにいわせれば、ショットの距離はバックスウィングの長さで調節されるべきであるという考えがあまりに重視されすぎてきた。これはショットの切れ味の鋭さと思い切りのよさを常に持続しようというところから生まれた考えである。すべてのショットはしっかり打たれなければならない。このことの重要性を見落としてはならない。しかしそのために、50ヤードのショットを打つときは、１００ヤードのショットのバックスウィングを半分にして同じ力で打つべし、というばかげた結論に飛びついてはならない。

実際問題として、上級者が１００ヤードのピッチ・ショットをするときのスウィングと、60ヤードのショットをするときのスウィングに、それほど大きな違いがあるとは思わない。主要な違いは、短いショットでは長いショットよりも力を使わないことである。

クラブとボールのコンタクトは両方とも切れ味がよくてクリーンだが、スウィングの加速はゆるやかである。大きなバックスウィングは見た目に感じがよいし、ストロークを急ぐ傾向を克服するのに大いに役に立つ。われわれはみな、短いショットをスムーズに、ボールが飛びだす前に顔を上げる誘惑に負けずにプレーすることがいかに難しいかを知っている。

長いバックスウィングの効用は、プレーヤーにクラブ・ヘッドをスウィングさせる点にあると思う。それは肉体のみならず精神状態にまで及ぶゆったりしたくつろぎの感覚をプレーヤーに与え、ストロークが成功するかどうか、という不安の大部分を取り除いてくれる。

グリーンまわりのショット

ショート・アプローチにはほかのどのショットよりも多くのバラエティがある。このショットでコンスタントにナイス・ショットをするためには、ゴルフ・コースのほかのどの場所でよりも多くの経験と判断力が必要とされる。ドライバー・ショットはほとんど常にたんなるドライバー・ショットであり、五番アイアン・ショットは五番アイアン・ショットにすぎない。しかしチップ・ショットはどんなショットでもあり得るし、二度同じショットであることはめったにない。とくに速いグリーンでは、スロープとボールの転がるスピードを正確に判断しなければならない。またボールのライ、クラブのロフト、短いキャリーの放物線等がボールの転がりに与える影響に、敏感でなければならない。

守るべき最も重要なルールは、第一に可能なかぎり介在するフェアウェイまたはラフをピッチで越えて、グリーン上にボールを落とすこと、第二に可能なかぎりバックスピンをかけないふつうのショットをすることである。いいかえれば、これからおこなうショットを前にして、プレーヤーは以下の順序で自問すべし。

「グリーン・エッジと旗の間に、ふつうのピッチ・ショットでボールを乗せる余地があるか？」
「もしあるとしたら、どのクラブを使うか？」
「ない場合は、バックスピンをかけてピッチ・ショットをし、ボールをすぐに止めることが可能か？」
「もし可能だとして、そのショットはロフトの少ないクラブでグリーン手前から転がすよりも危険が大きいか？」

もちろん、これらの質問に正しく答えるのはそれほど容易ではない。経験が大きくものをいう。なぜならあらゆる要素――地面、風、スロープ、ボールのライ等――を分析し、正しく評価しなければならないからである。

最初の質問の答がイエスならば、グリーン・エッジにピッチできるクラブを選ぶべきである。とにかく絶対に必要な場合を除いて、すばやく止めるショットは避けるのが賢明である。可能なかぎり簡単なショットを選ぶことによって、常によりよい結果が得られる。こういう短いショットでのバックスピンは、コントロールがきわめて難しい。ボールとグリーンの間にあるのがラフでないかぎり、ふつうでないショット、めざましいショットを試みるよりは、グリーン手前にピッチ・ショットをするか、グリーンまで転がしてゆくほうが常によりよい結果が得られる。

また前述したような状況では、ボールの放物線をできるだけ低くおさえて、なるべく長く転がすのがベストである。グリーン面の芝は均一でないことが多いので、高いショットはグリーン面のでこぼこや硬さの違いに影響されやすい。

チップ・ショットを直接沈めるのを望むのは高望みというべきで、常にチップ・インを狙ってプレーしても得るところは少ない。もちろん、カップの縁までボールを転がせる状況なら、グリーンのコンディションいかんにかかわらずパターを使うほうが簡単だが、4フィートの登りのパットのほうが急傾斜の2フィートのパットよりはるかに安心できることもある。チップ・ショットの成功はパットの成功しだいであって、ボールからホールまでの距離によって測られるものではないことを銘記すべきである。

※「180度」は地面と水平＝0度という意味。この時代、ロフトは現代と計り方が逆で、ドライバーで11度なら79度としていた。

第六章　パッティング

左手、ひじ、腕のコントロール

パッティング――ゲームのなかのゲーム――は、ゴルフの最も重要な部分であるといっても過言ではないだろう。ほとんどすべてのチャンピオンシップで、あるいはフレンドリー・マッチにおいてさえ、出場者の技量が互角なら、勝利はグリーン上およびグリーンまわりで決定的にすぐれているプレーヤーのものになるだろう。ふつうワン・ストロークをセーブできることが決定的なのは、ホールをフィニッシュするときだけだからである。第一級の競技者間では、パッティングにおける最少のロスでさえロング・ゲームで取りかえすことはほとんど不可能である。

グリーン上の成功の多くは気分と運しだいとはいえ、わたしは自分の気分と運をむらのないものにするいくつかのこつを発見した。とりわけそれらは練習時間が充分でないときに効力を発揮する。

わたしのパッティング・フォームを作るうえで最も役に立ったことをひとつあげるとすれば、それは左ひじの形である。両腕の内側に目立ったくぼみができるほど深く腰をかがめ、左ひじをほぼまっすぐホールを指すまで体側からはなすことによって、ほかの方法では不可能な、リラックスして自由に動ける状態を作りだせることを発見した。それまでにゴルフの神々がいかに信頼のおけない裏切り者であるかを充分学んではいたが、この方法はあらゆる種類のパット病の万能薬にきわめて近い、と書く誘惑に抵抗できない。

なぜ万能薬かといえば、それはこの左ひじの位置が左手と左手首を完璧にコントロールするからである。わたしはパッティングで左手を上手に使いたかったが、パターを振り抜こうとするときに、左手が返ってしまったりクラブを止めてしまったりする傾向があるために、多くの不幸な日々を招くことを知っていた――いわば無意識のうちに尻ごみして破滅を招いてしまうのである。ところがひじを外へ突きだし、左手の甲がホールに正対するような形でクラブを握れば、手が返ったり尻ごみしたりする癖がほぼ完全になくなることを知った。

手首を使ったパッティングを支持する人々がなんといおうと、わたしの場合パットの長さに応じて両腕を使うほうが結果がよいことを知っている。おそらくわたし以外の人々もこの方法によってよりよい結果が得られるだろう。今説明したパッティング・フォームでは、左腕、左手首、左手がほぼ同一のプレーンにおさまるし、このプレーンはほぼ垂直に近く、打ちだされるパットのラインと平行である。わたしはそれから左手をそのプレーン上に保ちながら左へ動かし、ボールのところで急激に止めないようにしながら、ストロークを完了するように努めた。

軽いグリップ

ある日チャンドラー・イーガンとパッティングの話をしていた。彼はきわめて熱心なゴルフ研究家であったばかりか、ゴルフ界随一の信頼のおけるパッティングの名手の一人でもあった。「わたしのパッティングは」と、イーガンはいった。「クラブをこんなふうに持たないとうまくいかない」。彼は話しながら想像上のボールにアドレスして、一語ごとに手に持ったパターを足で蹴る真似をした。つまりそうすることによって、クラブをいかに軽く握っているかを示そうとしたのである。パットの不調が続くときに思いだすべき教訓として、これ以上に重要なことはない。

ごく短いパットがカップをよけて通過し始め、ストロークが不安定になると、グリップを強く握り、バックスウィングを小さくして、ボールをカップまで誘導したいという強い誘惑に駆られる。同じことを試みてかぞえきれないほど何度も失敗したという事実も、再度の試みの歯止めにはならない。ほかのショットと同様、パットも思い通りに誘導することはできない、というのが現実である。パッティング・グリーンでもほかの場所と同じように、成功の望みはクラブ・ヘッドをのびのびとスウィングさせるスムーズで正確なストロークにしかない。このスウィングを信頼できなくなったときは、トラブルを覚悟するほうがいい。

短かすぎるバックスウィングときつすぎるグリップは切っても切れない関係にある。クラブをやさしく握り、両腕両脚がリラックスしていれば、パットを打ち損なう心配はない。しかしクラブを短く持ち、ボールの上に低くかがみこんで、クラブ・フェースが正しい向きからそれるチャンスを与えまいとして急いでボールを打つと、かならずミスが生じる。

悪いパッティングの治療法として広くおこなわれていながら、常に失敗に終るもうひとつの試みは、体を動かさないようにすることである。「どうせミスをするなら早くやれ」というアレックス・スミスの冗談めかした忠告は、たんに気のきいた警句であるにとどまらない。あまりに慎重になって、正確を期するあまり、アドレスの姿勢で凍りついてしまうことがある。そこではしばしばスムーズなストロークを不可能にする緊張または硬直がひきおこされる。

わたしはチャンドラー・イーガンのゆるいグリップとリラックスした姿勢から始めることを好んだ。バックスウィングが始動すると同時に、このグリップが左手の中指と薬指と小指のなかでわずかに締まる感じを好んだ。そして、ストロークに少々歯切れのよさを加えるために、ボールをヒットすると同時に右手でわずかにはじくような感覚を好んだ。わたしは左手がストロークの軌道とクラブ・フェースの向きをコントロールし、右手がタッチ――長いパットをホールの縁まで転がしてやる絶妙のスピード調節――を受けもつというい方以外に、パッティングのメカニズムを適切に表現する方法を知らない。

わたしは体が硬直するのを防ぐために、両ひざをゆるめて動かしやすい状態にしておくことを好む。それは体を動かしてパッティングをするということではなく、両脚と胴体部分を少しでも動かす必要があれば、いつでも必要に応じて動ける状態を保つためである。いいかえれば手首だけで、あるいは手首と腕だけで、パットをしようと試みてはならない。きわめて短いパットのときは手から上は動かなくてもよいが、それはひとえにそのような動きの必要がないからである。

ボールの背面を見る

おそらくゴルフ史上最高のパターの名手であるウォルター・トラヴィスは、パッティング・ストロークをボールの背面に想像上の鋲《びょう》を刺す行為になぞらえている。わたしもこのアイディアを試してみて、測りしれないほど役に立つことを発見した――そうすることによってボールをホールに向かって始動させるべきラインがまざまざと目に浮かぶのである。ボールとホールの間にボールが通過すべき一点を決めるのは、すぐれたアイディアである。しかしその一点を終始視界にとどめておくことは不可能だし、ストロークをおこないながらその場所を心に思い浮かべるのは難しい。だがその一点を決めてからラインに沿ってボールまで視線を戻したあとで、そのラインがボールを突き抜けてボールの背面に現われるところを想像するのは少しも難しくない。そこが鋲を刺すべき一点である――これはパッティングのプロセスを単純化して、プレーヤーがストロークに専念できるようにするためのすばらしい方法である。

わたしはどんなすぐれたプレーヤーでも、パッティングのときを除けば、ボールの表面の特定の一点を意識的に見ているとは思わない。彼らはその一点がそこにあることを知っていて、その場所を意識しているが、それを見る習慣がしっかり根づいているので、ことさら意識的な努力を必要としない。にもかかわらず、すぐれたプレーヤーたちはボールから多少とも目をそらせば、まずまずのショットはできても、それまでの正確さがかなり失われてしまうことを発見するだろう。

彼らが気づいているかどうかわからないが、すぐれたプレーヤーには当り前の、すばらしいコントロールのなかの重要な要素は、クラブ・フェースとコンタクトするボールの背面との関係を正確に感じとっていることである。アドレスしたとき、視線はその部分に向けられ、クラブのアラインメントがおこなわれ、スウィングの目標となる一点が選ばれる。そしていったんバックスウィングが始まったら、プレーヤーの目を引きつけるのはヒットすべき場所、すなわちボールの背面である。

上級者はスウィングの初めから終りまで、両手を通して終始クラブ・フェースの所在と向きを感じている。テークバックを開始する前に、クラブ・フェースとボールをどのようにコンタクトさせるかを頭のなかで思い描いている。もちろんそのとき、なにかに邪魔されないかぎり、自分が打とうとする対象と、ヒットしようとするポイントを見る。ハンマーで釘を打つときに親指を見ないように、ボールの前面を見ることはないだろう。

アベレージ・ゴルファーにとっては、パッティングとショート・アプローチのときに、ウォルター・トラヴィスのアドバイスにしたがって、ボールの背面の一点を選んでそこに鋲を刺すつもりでスウィングすればたぶんうまくゆくだろう。

人真似をするべからず

わたしがゴルフについて書いた文章のみならず映画のなかでも最も強調しようとしたことは、あらゆるショットをおこなう前に無理のない姿勢をとる必要があるということである。スタンスやアドレスにはある種の結果を生む特徴がある。それらはプレーヤーがある程度上達したあとで注意深く観察しなければならないが、最初は容易にリラックスできる無理のない姿勢でボールの前に立つのが最も安全だと思う。このことは、ビギナーの場合、右足または左足の位置についてあれこれ思い悩むよりもはるかに重要である。

今述べたことはパッティングとショート・ゲームにおいてなによりも重要なことであり、その点でわたし以上に説得力のある経験をした人間はほかにいないと思う。一九二一年まで、わたしのパッティングは考えられるかぎりおよそ最悪だった。その何年も前からパッティングの実験を続けていたが、実験の大部分はわたしが出会ったパターの名手たちの何人かを真似る形をとっていた。なかでもウォルター・トラヴィスとウォルター・ヘーゲンが代表格だった。わたしはこの二人の、とりわけヘーゲンのスタイルを観察して、常にアドレスで同じ姿勢をとり、同じやり方でパターをスウィングしようと心がけた。この努力の結果は――当然予想されたことだったが――自分のスウィングをしているときには考えられない全身の緊張となり、お手本にした人物の場合は大成功だったストロークをどれほどそっくり真似たとしても、わたしがリラックスできないために効果はなかった。この苦い経験のあと、わたしは人真似をやめて自然にパットすることにした。

パッティング・ストロークは最も短いストロークであるがゆえに最も単純なストロークである。パッティングの感覚に磨きをかけ、ボールをしっかりヒットするための信頼できるリズミカルなストロークさえ身につければ、あとはただボールをカップに沈めることを考えるだけでよい。

わたしは自分のパッティング・フォームがその日その日で目に見えて違うことに気がついた。グリップはいつも同じだった。いつも両足の間隔を狭め、ひざをわずかに曲げて立った。また、いつもバックスウィングを大きくとるように心がけた。しかし、ときにはボールにまっすぐ対面するととても安心できることもあれば、左右どちらかに四分の一回転ほど向きをずらすこともあった。また、グリップ・エンドから数インチ下を握れば自信が増すかと思うと、グリップいっぱいに握らなければしっくりこないこともあった。

もちろん、アベレージ・ゴルファーのなかにも、忍耐力と研究熱心と練習によって、ある種の神聖な儀式のように守り続けるパッティング・メソッドを編みだしたパッティング名人はいる。しかし、このようなケースはきわめてまれである。

パッティングを――あるいはほかのいかなるゴルフ・ストロークであれ――科学で解明しようとする人は、深い失望を味わい、無駄骨を折ることになるだろう。それは全面的にタッチ、スロープを正確に目測する能力、そしてこれが最も重要だが、目の前の仕事、すなわちボールをカップに沈めることに集中する能力の問題であって、それ以外の何物でもない。わたしが思うに、パターの名手になる可能性を持った人たちが、人真似をすることによってその可能性の芽を摘みとってしまったケースは、ほかの試みによる場合よりもはるかに多いだろう。自分のパッティングがお手本とする他人のパッティングとそっくりだと思えるようになったときには、窮屈な姿勢と硬直した動きで、スムーズでリズミカルなストロークは不可能になっているだろう。

振子式ストロークは非現実的

話したり書いたりすることをやめてもらいたい、と思うことがひとつある。それがビギナーを大いに迷わせる原因になっているからである。それは振子式パッティング・ストロークのことだ。このストロークはさまざまに異なる形で説明されてきたが、結局どの説明も人体の構造を考えれば絶対に実行できないという結論に帰着する。

疑いもなく、ロフトがゼロの振子のようなクラブを、ボールの真上の一点から吊り下げて、正確にパットのラインに沿って振ることができるなら、正確なヒッティングが理想的におこなわれるだろう。しかし人間の足指が前に突き出ているかぎり、ゴルフ・クラブがクロッケーのマレットに変わって、両足の間でバックスウィングできるようになるまでは、その望みはほとんどない。少なくともさしあたりは、多少ともわれわれみんなが知っている方法を使ってパッティングを向上させる努力をするほうがはるかに賢明である。わたしは両足の間でスウィングするように設計されたパターを使う少数の人々を見ても、宗旨変えする気にはとうていなれなかった。

パッティングで最も重要なことは、パターがボールをヒットするときにフェースが正しい方向を向いていること、そしてヒットすると同時にホールの方向へ動くことである。この二つの条件がみたされるなら、バックスウィングでクラブ・フェースが正しい方向を向いていようがいまいが、想定されたパットのラインに沿って動こうが動くまいが、少しも問題ではない。

パッティングの原則

パッティング・グリーンで踏むべき正しい手順は、まずラインを決めてから、そのラインに沿ってボールをヒットすることだけに集中することだと述べたが、さらにそうやってクラブを振り抜くことを容易にする方法のいくつかのディテールを示しておけば役に立つだろう。すでに何度も述べたように、スタンスと姿勢をあまりに慎重、窮屈に考えすぎると、スムーズなストロークに不可欠なのびのびした動きが妨げられる。とはいうものの、いくつかのディテールを正しく組み合わせれば、それなりに報われるところはあるだろう。

まず第一に、上体をかがめすぎずに比較的まっすぐに立つほうが望ましいけれども、ボールに近づきすぎるのは禁物である。目がボールの真上にくるように立ってもなんの取柄もないというつもりはないが、なによりも大切なのはスムーズでコントロールされたスウィングである。ボールに近づきすぎると、両手両腕を自由に左右に動かすことが難しくなり、必然的にスムーズなストロークが妨げられる。バックスウィングが想定されたパットのラインから外側にはみださないように、充分なゆとりができるくらいボールからはなれて立つべきである。

二番目に重要なのは、アドレスでボールを左に寄せて、パットのラインに沿っておこなわれるストロークでボールを運んでやることである。ボールを右側に置きすぎると、ストロークは掃《スウィープ》くような動きではなく、打《ヒット》つか突《ジャブ》くような動きになってしまい、スムーズさに欠ける。ボールをほぼ左足の爪先に置いたときにだけ、ホールに向かって振り抜くことが可能になる。

バックスウィングからフォロースルーにかけて、パター・ヘッドをなるべく地面に近く保つべきである。もう一度くりかえすが、正しいパッティング・ストロークはスウィープであって、ジャブまたは強いヒットではない。このストロークをおこなうためには、両腕がある程度左右に動かなくてはならないことが明らかである。

パッティング・ストロークは実は正しいゴルフ・ストロークの縮尺版である。とりわけ左サイドがストロークをリードするという点では、両者はまったく同じである。ストロークをおこなうときには左腕が左に動かなければならない。左腕が硬直して動かないと正しいパッティングはできない。

最後に注意すべき点は体の動きである。パッティングで意識的に体の動きを参加させようとするのは危険だが、体の動きを完全に止めようとしてはならない。完全にリラックスした状態ならば、体を動かす必要が生じたときにすばやくスムーズに反応できる。当然パットの距離が長くなれば、手と腕は体の動きという応援なしにはのびのびとしたストロークはおこなえない。

もう一度くりかえす。まずこれからおこなうパットを注意深く検討して、ボールをスタートさせたいラインをはっきり決める。あとはそのラインに沿ってボールをヒットすること以外になにも考える必要がない。

パッティングの練習

パッティングの技術を左右するのは、判断力、勇気、タッチの感覚であり、それに運も無視できない。しかしなによりも重要なのは安定したストロークであり、それさえあればほとんど常にボールをスムーズに、そして正確にヒットすることができる。

スピードとスロープの読みがいかに正しくとも、それをバックアップする安定したストロークが伴わなければほとんど意味がない。

この理由で、信頼できるパッティング・ストロークを身につけるには、ホールなしでパッティングする方法――グリーンまたはカーペットの上に数個のボールを置いて、ただパッティングをしながら往復する方法が最もすぐれている。これだとラインを決めてそこからはずれないようにする必要がないので、全神経をクラブとそのスウィングに集中することができる。

さらに、スウィングを始めて、パターのヘッドにボールのある場所を通過させようとする動きを続ける。強弱にかかわりなく、ボールをタップするという考えは捨てること。というより、そこにボールが存在することを忘れるのが理想である。あなたの目的はパターのヘッドをスウィングさせることであり、のびのびとスウィングさせればさせるほど成功率は高くなる。

クラブをフラットなアークでスウィングするよう心がけるべし。つまり、バックスウィングでもヒッティング・ストロークでも、クラブをできるだけ低く保つこと。パターのソールを地面に近く保ったまま振り抜き、ボールを始動させようと意図するラインに正確に沿ってスウィングするよう心がけよう。とりわけどこでも、急激にクラブを止めることなしに、のびのびとスウィングすることが肝心である。

ボールをヒットするときにハーフ・トップしたり、下からこすり上げたり、あるいはオーバースピンを与える意図でおこなわれるほかの打ち方のメリットを説く一派の、ばかげた考えを頭から追いだすこと。実際には、通常の方法でパターで打ったボールにはどんなスピンもかからない。パター・ヘッドとボールのコンタクトはそれほど強くないから、ボールはスピンとは無関係にただ転がり続けるだけである。ボールはパターの向きとグリーンの傾斜に導かれるままに転がり続けるものと考えて間違いない。

また、体のあらゆる部分を微動だにしないように固定する必要がある、という考えも頭から追いだそう。もちろん動きすぎるのはよくないが、どんな長さのパットであれ、わざわざ体の動きを制限しなくとも、体操でもするように激しく動くことはありえない。前述したスウィングをおこなうために動くことが必要ならば、ちゅうちょせずに動くべきである。バックスウィングでパター・ヘッドを低く保つためには、クラブと一緒に両手を右へ動かさなければならない。非常に長いパットの場合は、それに伴って肩、腰、脚の動きも必要になるだろう。ボールを打ち抜くときにパターを地面に近く保ち続けるためには、両手も左へ動かなくてはならないだろう。これらの動きはみな必要なものだから決して抑えこんではならない。また、ストロークを手、腕、肩、またはほかのなにかだけでおこなってはならない。パッティングに必要なのは、プレーヤーの体の一部ではなく全身によっておこなわれる一連の動きである。

このようにしてスムーズに、リズミカルにクラブをスウィングすることを学べば、あなたがパターの名手になることを妨げるものはなにもない。ボールを正確に打てるという自信が身につけば、スロープやスピードを読む能力がそなわる日も遠くはない。肝心なのはストロークである。

正確なヒッティング

パターの名手といわれる人々に共通する特徴は、パターのブレードまたはヘッドがきわめてフラットなアークを描くことである。バックスウィングでもボールをヒットしたあとでも、ヘッドが急激に持ち上げられることは決してない。ボールの後方でも前方でも、それは比較的地面に近い軌道からはなれない。よいパッティングにはボールの正確なヒッティング以外にも多くのものが必要だとはいえるかもしれないが、正確なヒッティングは第一の必要ではないという考えは認められない。なぜなら正確なヒッティングは、目が見、心が指示するものを翻訳して伝える手段だからである。

たとえほんのわずかではあってもアッパーブローでボールをヒットすることは、パッティング・グリーン上またはその近辺でも、フェアウェイのほかの場所と同様、ひとつの欠陥にほかならない。短いストロークでは識別が難しいが、ここでも上級者のロング・アイアン・ショットでは顕著に認められる右脚から左脚への体重移動がおこなわれる。その動きはしばしばハイスピード・カメラでさえとらえられないほど微細なので、パッティングでは体が微動だにしてはならないと説く者が現われる。わたしの考えはそれとは正反対で、簡単にいえば、距離のいかんにかかわらず、最も短いパットからフル・ドライブにいたるまで、リズミカルなストロークをおこなうのに必要なのは完全なリラクゼーションとのびのびとした動きである。手だけ、腕だけ、あるいはほかのなにかだけでストロークをおこなおうとすれば、のびのびとなめらかなリズムでクラブを振ることはできない。体の一部をストロークから閉めだして、その動きを封じてしまえば、必然的によいストロークに不可欠なのびのびとした動きを阻害する緊張が生じる。

パッティングで、左手首を蝶番《ちょうつがい》としてクラブを振るとすれば、クラブ・ヘッドがボールをヒットしたあとで急激に持ち上がらなければならないことは明らかである。同様に左腕が硬直してその時点で止まってもやはり同じ現象が起きる——そしてもしもパターのブレードが持ち上がるのが一瞬早いとすれば、ボールをヒットするときには上向きに動いていることになる。クラブ・ヘッドによりフラットなアークを描かせ、正しいラインに沿ってボールをスウィープさせるためには、左手首が動き続けなくてはならない。ほかのすべてのストロークの場合と同じように、より正しい方向とより正確なヒッティングは、左手を止めたり手首を返したりすることなく、ホールに向かって動かし続けることによって保証される。ほかのすべてのストロークの場合と同じように、体重が右脚に残ってはならない。プレーヤーは解剖学的構造の特定の一部を使うのではなく、その全体を使うべきだし、すべての部分が一緒に動かなくてはならない。

わたしがこの点について論じるたびに、わたし自身の写真を見ても、6フィートから8フィートの、おそらくカップ・イン可能な距離のパットでは、いかなる体の動きも認められないと指摘する人がいる。確かに写真の背景と対比してはっきりわかるような動きは認められないが、それでも――パットが好調なときには――わたし自身の感覚に残る程度の動きは存在する。わたしはショート・パットをするときにこの動きを意識的に起こそうとはしない。それは強制されるのではなく許容される動きであって、それが貴重なのは完全なリラクゼーションが得られるという安心感をもたらしてくれるからである。

ストロークのリズム感がなくなったとき、わたしはアドレスでひざと腰をより深く曲げて、左肩を低くすると効果があることを発見した。そうすることによって右脚に体重が残りにくくなり、クラブ・ヘッドを地面に近いアークで振り抜くことが容易になった。

ショート・パットについて

1ヤードのパットをミスするほど無駄なことはどこを探してもないように思える。トーナメントが開催されるようなコースのグリーンの大部分は申し分のないコンディションを保っているから、プレーヤーはパットのミスをグリーンのせいにはできない。ほとんどのグリーンは、正しく打ちさえすればボールはカップに沈むと考えてよい。

問題はショート・パットである。なぜなら、グリーンのうねりを考慮に入れるならば、ストロークはきわめてデリケート、ヒッティングはきわめてソフトでなければならないからである。強く、しっかりと、それでいてソフトにボールをヒットするためには、最高のタッチが必要であり、しっかりヒットすることがよいパッティングの基本である。

速いグリーンでは、とりわけストローク競技の場合、1ヤードのパットはプレーヤーの心胆を寒からしめる。彼には選択の余地があって、デリケートなボールの曲がりがいやならカップの後ろの壁にぶつかるくらいしっかり打つことができるが、そのかわり最初のパットが入らなかったときの返しのパットを心配しなくてはならない。

われわれがショート・パットに臨むときの精神状態は、パットの成功と大いに関係がある。10ないし15フィートのパットをしようとするときは、ふつうそれをカップにねじこんでやろうと考えている。かりに入らなかったとしても悔やむほどの距離ではないから、ボールをカップに沈めることだけ考えていればよい。しかし、わずか1ヤードのパットの場合は話がまるで違う。その場合われわれはそのパットを簡単に沈めなくてはならないことを知っているが、失敗する可能性が皆無ではないという現実も頭からはなれない。その結果なにがなんでもこのパットを沈めてやると決意するかわりに、失敗する恐怖心にとりつかれてしまう。つまりそれは、こういう表現が可能だとすれば、消極的な決意とでもいうべきものである。そのパットを沈めようという積極的思考ではなく、ミスを避けようという消極的思考にとりつかれてしまう。

　多くのショート・パットの失敗は、はなはだしい不注意から生じる。そういう短いパットは簡単すぎて、真剣かつ慎重に取り組む気になれないのだ。しかし友達同士の遊びのラウンドでごく短いパットをミスするケースは比較的少ないことに気がつくだろう。このことはショート・パットのミスが不注意よりも緊張と不安から生じるという証拠だし、ゴルファーならだれでも知っているゴルフ・ボール特有の天《あま》の邪鬼《じゃく》な性格を抜きにすれば、だれでもそのことを納得するだろう。そのパットが入るか入らないかをだれ一人ほとんど気にしていないときは、短いパットを片手で持ったパターの背面で軽くタップして造作なく沈めることができるが、入る入らないが大きくものをいう場合には、ボールをホールへ送りこむのに両手と耐えがたいほどの心労が必要になる。

ショート・パットのミスほど士気を阻喪《そそう》させるものはない。ティーからグリーンまでのゲーム全体が、たった一度のショート・パットのミスで、数ホールにわたってめちゃめちゃになってしまうのをわたしは何度も見てきた。一度ミスをすると、つぎのパットは倍難しくなる。それもまた失敗に終ると、プレッシャーがますます重くのしかかって、今度はアプローチ・パットが寄らなくなる。間もなくパッティングそのものが手に余るようになり、プレーヤーは短いパットですむようにセカンド・ショットをホールに近づけようとして、ロング・ショットで無理をし始める。この悪循環が急速に進むと、遠からず彼のゴルフはがたがたになってしまう。

大きなチャンピオンシップで、ごく短いパットのミスが流れを変えてしまったマッチを、いちいち例をあげて説明するまでもないだろう。ゴルフをする人間ならそういうことであっという間に流れが変ってしまうことをだれでも知っている。なぜならこういうミスはプレーヤーに自信をなくさせるだけでなく、対戦相手を元気づけもするからである。

わたしはどんなパットも短いからといって軽く見てはいけないことを、はるか昔に学んだ。片手打ち、バックハンド打ち、その他ショート・パットをミスしたあとのさまざまな雑な打ち方の愚かさにも、ずっと前から気がついている。つぎのパットが入るか入らないかに多少とも意味があるときは、どれほど短いパットであっても、可能なかぎり細心の注意を払って処理してきた。ボールがカップの縁に止まっているときでも、かならずスタンスをとり、ボールにアドレスしてからパットするように心がけた。

オハイオ州コロンバスのサイオートで開催された一九二六年の全米オープンで、これを入れれば優勝という最後のパットを前にしたときの気持ちを、わたしは終生忘れないだろう。そのパットはせいぜい3インチしかなかった。だが、タップ・インしようとしてボールに近づいたとき、とんでもない考えが頭に浮かんだ。「パターでダフって空振りしたらどうなる?」。わたしは極度に慎重にボールにアドレスして、パターのブレードを芝から浮かし、ハーフ・トップ気味に打ってボールをカップに沈めた。少し頭がおかしいんじゃないかって?　しかしゴルファーはそんなとてつもないことまで考えるものだ。

ストロークかタップか?

パッティングにおいては運があまりにも大きな役割を演じるので、ゴルフのほかの分野と同じ程度の堅実なプレーさえ事実上不可能である。世界一のパターの名手でもひどいパットをすることがあるかと思えば、最低のパット下手が狂ったように入れまくることもある。唯一テストが可能だとすれば、それは運によって左右される好調時と不調時をならせるだけの長期間にわたるものだけである。

このような留保つきで、パッティングをある程度まで一般化することは可能だと思う。すなわちスウィンガーは概して長いアプローチ・パットにすぐれ、ヒッターは15フィート以下の距離からカップ・インする確率が高いという一般論である。クラブでボールを運んでゆく掃くようなストロークは、微妙なタッチと距離感のストロークである。速いグリーンで距離の長いパットをスムーズに転がしてホールにぴったり寄せるケースでは、長い目で見ればのびのびとパターをスウィングするタイプのほうに分がある。

最高のタッチで打たれたロング・パットは、残ったパットが簡単にタップ・インできる距離であることが多いが、逆にショート・パットにすぐれたタイプは、残りのパットが前者より長くても平気である。バックスウィングの短い、シャープなヒッティングは、微妙なタッチに欠けるが、その打ち方が上手な人は4、5、6フィートを一発で沈めることによってその欠点を埋めあわせる。

パッティングで最も難しいのは、引っかけたり押しだしたりしてラインをはずしてしまうことなく、常にスムーズにストロークすることである。長い、ゆったりしたストロークで仕事の大部分をクラブ・ヘッドにまかせるのをよしとする説が優勢な理由はここにある。

ポール・ラニアンとビリー・バークは短いバックスウィングのあとでボールをシャープにヒットするが、それでもバックスウィングはスムーズであり、決して急がない。そのこと自体がアベレージ・ゴルファーには決して易しくない到達点である。

なめらかにスウィングする決意をしてアドレスに入れば、全身の筋肉がリラックスし、スムーズな動きが促進され、ぎくしゃくした動きが阻止される。大部分のプレーヤーにとっては疑いもなくこの方法が最善だとわたしは思う。しかし、ここでもほかのあらゆる場合と同じように、二兎を追うのは禁物である。ゆっくりと、流れるようなストロークでバックスウィングしたあとで、すばやくクラブを振ろうとするのは最悪である。どうしてもシャープにヒットしなければおさまらないのなら、その打ち方を採用したうえでそれをコントロールすることを学ぶべきである。

アプローチ・パット

なぜあれほど多くのロング・パットが、カップに届かないのかを知りたがる人々がいる。確かにこれはアベレージ・ゴルファーに多い失敗のように思える。もちろんその原因はさまざまで、不正確なヒッティング、グリーンのスピードの判断ミス、たんなる小心さなどが考えられる。

カップの数フィート手前で止まるパットは、プレーヤーがグリーンのスピードをミス・ジャッジした結果であることが多い。なぜならしっかり打ったボールがホールに届かないということはまず考えられないからである。しかしわたしは、その理由でかなりの数のロング・パットが意図した距離の半分ちょっとしか転がらないのだとは思わない。

わたし自身の経験では、ロング・パットをいつも5、6フィートほどショートするときは、欠陥はストローク自体——すなわちバックスウィングの長さまたはストロークの強さではなく、むしろパターのブレードとボールの当り方にあった。つまり、具体的にいえばわたしはいつもボールのセンターより少し上を打っていた——いわばハーフ・トップしていたのである。ゴルフ・ショットのなかでは最も短いパットをトップしたりハーフ・トップしたりするのは残念ながらよくあることだが、上手なプレーヤーはほかのいかなるストロークでもこの過ちをめったに犯さない。

さて、ボールがセンターのわずかに上でヒットされたトップ気味のパットは、二つの原因のいずれかによって生じる——すなわちストロークを急ぎすぎるか、ヘッドを早く上げすぎるためである。わたしの場合は、おそらくほかの多くの人々の場合も同じだろうが、ロング・パットは早くルック・アップしすぎる危険が最も大きいストロークであり、この致命的なミスを知らず知らずに犯してしまう傾向がある。わたしは何日も自分のパッティングがいったいどうなってしまったのだろうと首をひねるだけで、ある人に指摘されるまで、早く頭を上げすぎるせいだということにまったく気がつかないことが何度もあった。そしてついに、パッティングが不調に陥ったらまっ先にその点をチェックせよ、と考える境地に達した。

しかしロング・パットでハーフ・トップする傾向を生みだす可能性のある欠点が、ストロークそれ自体のなかにもひとつだけある。それは左手と左腕の動きのなかにひそんでいる。すぐれた才能を持つ人々も含めてきわめて多くのゴルファーが、パッティング・ストロークは両手両手首の仕事だから、左手と左腕が、中くらいの長さのパットでさえ必要な小さなアークを描いてのびのびと振り抜くのを許してはならない、と信じているようだ。左手と左手首の動きが急に止まれば、必然的にボールをヒットするときにパターのブレードが急角度で持ち上がり、その結果ストロークは途中で〝ちょんぎれて〟しまう。するとパターはスムーズにボールを振り抜くことができないので、そのパットは間違いなく失敗に終る。

このミスを防ぐ最上の方法は、要するにそれをしないことだといってよいだろう。

しかしそれではあまりに漠然としているから具体的な方法を示すならば、右の前腕をズボンの時計用ポケットに軽く当てるようにすれば、バックストロークのときに全然動かないわけではないがほとんど不動に近い確固たるアンカーの役目を果す。それから、クラブが振り抜かれるときに、左右どちらの腕も止めようとせずに、クラブの慣性がボールをホールのほうへ運んでいき――同時に両手を引っぱってゆくようにさせることである。

スポッティングについて

パッティングの技術を、日によって猫の目のように変ることのない、多少とも科学に近い理論に仕上げたと自負するつもりはないが、わたし自身のパッティング・グリーン上の成績の平均値が、いくつかの原則を守ることによって飛躍的に向上したことに気がついた。それらの原則のひとつとしてフォームまたはストロークとはなんの関係もない。その第一はボールをヒットする動きの最中にルック・アップする傾向、パッティングの調子が狂いだすにつれてますます強くなるこの傾向に抵抗することである。ほかのプレーヤーたちはこの傾向から身を護る彼らなりの方法を考えだした。実際にボールがヒットされるまでボールから目をはなさなければ、どれだけ長く頭を下げておくかは大して重要ではない。

ボールに対する絶対的なコンセントレーションは、パットの目標をホールそのものから意図するライン上の一点に移すことによって大幅に増す。6フィートから10ないし12フィートのパット――つまり一回で沈めることが可能なパットでは、カップまでのちょうど中間にこのスポットを設定すべきである。それより長いパットでは、ボールから15フィート以内にそのスポットを設定すべきである。そうしておいてプレーヤーはボールにそのスポットの上を通過させることだけを考え、ヒッティングの強さとの関連で距離を頭に思い描くほかは、ホールのことを完全に忘れてしまうべきである。よりコンスタントなパッティングをするためには、ボールをしっかりヒットすることにすべての努力を集中すべきである。その点にさえ成功すれば大きな間違いはない。

多くのパター上手たちは、よいパットができるのはホールに向かってフォロースルーを出すからだというだろう。フォロースルーが長所かどうかは別として、それがよいパットの第一の原因ではありえない。なぜならフォロースルーが始まるとき、ボールはすでに動きだしているからである。わたしは一定不変のパッティング・スタイルの信奉者であったことは一度もない。ストロークの機械のような完成度よりは、スロープの影響の判断とグリーンのスピードの計算に――いいかえれば目のトレーニングに――より注意を払うべきである、というのがわたしの持論である。いかにボールを正確にヒットしたところで、正しいラインに乗って適正なスピードで動き始めなければなんの意味もないことはわかりきっている。

ラインが重要なことの証拠として、わたしはボールがホールまでたどるべき道筋がはっきり見えないときに、パットをカップ・インできたことはほとんどないと断言してはばからない。ときにはこのラインはだれかが白ペンキで描いたようにくっきりと目に見えることがあった。ラインがそんなふうにはっきり見えるときは、ボールが一度で入らないまでも、少なくともカップにぶつからなかったためしがない。

ゴルファーが絶対に忘れずに実行しなければならないことがひとつある。どんなラウンドでも、ホールへの正しいラインがはっきりしないことが何度かある。いつもラインがはっきり見えるとしたら、パットをミスすることはほとんどないはずである。しかし正しいラインが決まらないときは、傾斜を多い目に見て、ホールよりも少し上にボールを打ちだしてやるという方法がある。ボールが上に残ったとしても常にアッパー・サイドからカップに落ちる可能性があるし、いずれにしてもホールから遠くないところに止まることは確実である。しかしパットがホールの下へ転がってしまえば、1インチ転がるごとにカップから遠ざかる結果になる。

グリーンの傾斜とスピードを読む技術は経験からしか得られない。自分のホーム・コースのグリーンしか見ないプレーヤーは、意識せずとも傾斜やスピードがわかってしまうから、経験という点で不利になる。経験を拡げるためには、ほかのコースもできるだけ多くプレーすべきである。

パッティングの心構え

ある経験豊かなプロが、ラウンド途中に過激な手段でパッティングの自信を取り戻した話を聞いたことがある。ほかのショットは好調なのに、突如としてショート・パットがまったく入らなくなってしまった。数回ミスしたあと、あるホールで約4フィートのいやなパットが残った。すると彼はつかつかとボールに歩み寄り、目をつむって、この反抗的な球体をカップの真ん中に叩きこんだ。つぎのひとつかふたつのパットをいつもの打ち方で沈めると、それから先はなんの問題もなくなった。

わたしはその方法を自分で試してみようとも人にすすめようとも思わないが、ショート・パットが入らなくなるのはほとんどの場合、不安と心配のしすぎが原因であることは疑う余地がない。明らかにショート・パットを撫でるように打ったり、短い、突っつくようなストロークで打ち急いだりする人は、一度や二度はカップに入れるかもしれないが、遠からずトラブルを抱えこむことになる。ショート・パットもロング・パットと同じように、ゆったりした、スムーズな、自信にみちたストロークで打たなくてはならない。そのための最良の方法は、ホールまでのラインを決め、決然としてそのライン上にボールを打ちだしたら、あとはどうにでもなれと開きなおることである。わたしは一九一九年にスチュアート・メイドンから受けとった電報のなかの、ティーからグリーンまでのプレーに関するアドバイスにまさるアドバイスを知らない。それは「ボールをしっかり打て。そうすればかならずどこかに届く」というものだった。このアドバイスを文字通りパッティングに応用してはならないが、そこに含まれる教えは明白である。つまりパットはできるだけしっかり打て、結果を心配するあまりストロークをぶちこわしてしまってはならない、という教えである。

ほとんどすべてのゴルファーが、12フィートから15フィートのパットを正しくストロークするほうが、それ以下またはそれ以上のパットを正しく打つよりも易しい、と考えている事実は注目に値する。なぜそうなのかに関してはりっぱな理由がある。プレーヤーはそれより短いパットをはずすかもしれないし、それより長いパットをホールにぴったり寄せられないかもしれないという不安に駆られるが、中距離のパットのときはホールに入れたいと願うだけで、ボールをホールに寄せなければならないなどとは考えないし、スリー・パットをする危険はないことを知っている。

あらゆる長さのパットにこういう心構えで臨むことができれば、だれもが大いに得るところがあるだろう。また、くよくよ心配してもなんの役にも立たないことをすでに知っているはずだから、パッティングが易しくもなる。どうせミスをするのなら、神経質な、用心深すぎるストロークでボールを正しい方向からそらしてしまうよりも、むしろ間違ったラインを選んで堂々とミスするほうがましである。

わたしはハイスクール時代にイースト・レイクのコースからアイアンで届く距離に住んでいて、月夜の晩にはよくコースへでかけて行き、近所に住む友達と一緒に十番ホールに近い練習グリーンでパットの練習をしたことを覚えている。もちろん月明りでボールは見えたし、目立ったスロープやアンジュレーションもわかったが、幸いなことに微妙なスロープや凹凸——ミミズの糞など——は暗くてよく見えなかった。この薄明りのなかで、驚いたことに友達とわたしは真っ昼間よりもよいパットをしたし、とくに8フィートから10フィートのパットは段違いによく入った。

この月夜のパッティングから学ぶべきなにかがあるに違いない。それは——グリーンの善し悪しにかかわらず常によいパットをするプレーヤーは、パッティング・グリーンを昔われわれが月明りのなかで見たように見る訓練をしてきた人に違いない、ということだろう。

ここで断わっておくが、わたしは均一でない芝の上でゴルフ・ボールを10ヤード転がして、あの小さなホールにかならず沈められるほど正確にボールを打ち、スピード、傾斜、ボールの転がり、その他完璧なパットをするのに必要なもろもろの要素を、神業のように精密に判断できる人間がいるとは思わない。考慮すべき要素があまりにも多すぎて、そのために必要な技術はわたしの能力を超えている。

カップに沈んだパットのなかで、プレーヤーが思い描いたラインを正確にたどってホールにたどりついたパットはいったいいくつあるだろうか？　おそらくラインからはずれながらホールに沈んだパットは、ラインに乗って入ったパットと同じ数だけあるだろう。思うにパターの名手とは、要するに常にボールをホールに近づける人——半径1フィート以内に寄せる回数がほかより多い人のことである。ホールに近づくパットの数が多ければ多いほど、一発でホールに入るパットの数も多くなるから、彼のワン・パットの回数はほかの人より多くなるのだと思う。

この考えにしたがうならば、われわれはボールがジャンプしそうだとか転がりがどうだとかを計算するよりも、グリーンの全体的な傾斜により多く留意すべきである。だからといってホールに向かってでたらめにパットすべきだというのではなく、ボールを打ちだそうとするラインを決めて、そのライン上にしっかり打ちだしてやるだけでよい。

グリーンの凹凸を気にするのはストロークの思いきりを悪くするだけであり、悪いパッティングはグリーンがボールの動きに与える影響よりもプレーヤーの心理に与える影響によるところが大きいと思う。

マイアミのT・W・パーマーは、わたしがこれまでに出会った最高のパターの名手の一人である。彼はグリーンの表面がどれほどでこぼこだろうと芝目がどれほどきつかろうと、常にボールが正しく転がるような打ち方がある、という考えの持主だった。彼がそういう打ち方ができると考えているかぎり、実際にそう打てるかどうか、あるいはその考えが正しいかどうかはほとんど問題ではなかった。

アレックス・スミスがあるとき、なぜいつもパットのライン上にあるミミズの糞をどかそうとしないのかと質問された。質問者は障害物がボールの動きをホールからそらしてしまうおそれがあると指摘した。「確かにそうだが、そのおかげでボールの方向が変ってカップに飛びこむこともある」と、アレックスは答えた。

Photo taken in 1921.

第七章 チェック・ポイント

オーソドックスの発見

ゴルフのメソッドは多くの点で千差万別である。個々のすぐれたプレーヤーは、遠くからでもクラブの振り方ひとつで彼だとわかるほど、ほかのだれとも似ていない。経験の浅い観察者はしばしばこの違いにだけ注目して、一人一人がまったく異なるスウィングをしているものと結論し、そのなかから選びだしたプレーヤーのフォームを手本にして自分のフォームを作りあげる。それを細かいところまで忠実に模倣する。

よりすぐれたプレーヤーたちを仔細に観察すれば、同じスウィングをする人は、あるいはよく似たスウィングをする人さえ、二人とはいないけれども、すべてのプレーヤーに共通する点がいくつかあることがわかる。万人がよしとするこれらの共通点を、健全だと判断しても誤りではないばかりか、身長の高低、肥満型か痩型かのいかんにかかわらず、すべてのゴルファーがそれらを自分のスウィングに取り入れるのが賢明である。よいスウィングのほぼすべてにいくつかの共通点が認められるという事実は、あらゆるメソッドがそれらを取り入れるべきだという証拠である。事実、インストラクターがまったくの初心者に教えられるストロークのディテールはほとんどそれだけだといってよい。ほかに教師の仕事といえば、間違った動きを矯正し、すでに据えられた正しい土台の上にストロークという建物を築くことしかない。しかし全体としてのストロークは型にはめて作られるものではない。基本は守られなければならないが、個々の必要に応じて大幅な自由が許される。

ビギナーはストロークの基本を完全に理解することを第一目標にすべきである。もちろん、個々のビギナーにはそこからのほんのわずかな逸脱しか許されない、基本的に正しいスウィングが存在するといってよいだろう。しかしわたしのいいたいのはそのことではない。なぜならこの種のスウィングの完全な理解と、それを実行する能力は、すべてのゴルファーが求めながらもめったに手に入れることができない二つのものだからである。

わたしは平均的な経験の浅いプレーヤーにも容易に理解できて実行可能なこと、まずまずのプレーヤーなら独力で学べるし、上級者ならいちいち考える必要のない事柄にだけ言及する。しかしながら、それらは頭に入れておけばどんなレベルのゴルファーにも役に立つ事柄である。

超一流のプレーヤーたちのプレーが安定している理由のひとつは、彼らが健全なスウィングを持っていることである。それは、連続的な動作が、すぐれたプレーヤーたちがよしとする方法にしたがっておこなわれるスウィングにほかならない。われわれがオーソドックスと呼んでいるものから逸脱したゴルファーは、ときおりうまくゆくことがあっても、不安定で信頼のおけないプレーヤーであることを暴露するだろう。フォームが地味で、突拍子もないことをしないプレーヤーのほうがより安定したプレーをする。なぜなら彼は、ほかの成功したプレーヤーたちが、そのほうが易しいことを発見したフォームとクラブの握り方を採用しているからである。人それぞれで違うとはいえ、ほかの人たちによって効果的であると証明されたやり方にしたがっていれば安全だといえる程度の共通点はある。

シーズンの初めに

ゴルファーにとって一年間で最もきびしい試練のときは、冬眠からさめて、自分のゴルフの調子をふたたび楽しめるようになる状態まで戻す時期と決まっている。冬の長い休眠期間のあとでは、どのクラブも箒の柄のような感じがするし、ボールを打つたびにシャフトに激しい衝撃が伝わり、まるで鉄の塊を打ったような感じがする。この時期のゴルフはあまり楽しくない。しかしその先に待っている喜びを味わうためには、この時期を耐え忍ばなくてはならない。

この〝チューニング・アップ〟の期間をできるだけ苦しまずに切り抜けるためのいくつかのヒントは、おそらくすべてのゴルファーに歓迎されるだろう。もちろんだれもが同じ悩みを抱え、同じ処方を必要としているわけではないが、シーズン中でも、わたしのゴルフ仲間は練習が不足しているときに似たり寄ったりの悩みを訴えることに気がついた。どうやらゴルフに必要な筋肉は使わないでいると柔軟性と反射能力を失い、本来の機能を果すことに不慣れになっているので、無理に動かすとみな同じ失敗をしでかすらしい。

第一の失敗はバックスウィングの長さにある。どのケースを見ても、後ろへの動きを短くして、クラブが肩の位置まで達しないうちにボールめがけて振りおろす傾向を見つけるのは難しくない。これは自信のなさの表れであり、プレーヤーはシーズン真っ盛りのように自分を解放してやることをこわがっている。

二つ目の欠点はある程度最初の欠点が原因となって生じる。もっともそれは同時に、冬の休眠期間がタイミングの感覚を鈍らせた結果でもあるのだが。この感覚は全面的に練習に依存していて、練習またはプレーをしないとストロークのリズムが失われてしまう。しかし春先の失敗の原因は例外なくスウィングが速すぎることであり、どれほどゆっくりスウィングしても遅すぎることはない。

三つ目に共通して見られる傾向は、ボールをダウンブローでしっかり打つのではなく、掬い上げようとすることである。たぶんこれは左手または左手首のゆるみによるものだろう。ゴルファーは往々にして自分のやっていることがすべて正しいかどうか自信がないため、ボールの前に立ったとき、最初からもう一度やりなおさなければならないのではないかと考える。するとグリップをゆるめるか手加減してミス・ショットをしてしまう。

春先の数ラウンドの間に起きる問題はこれだけにとどまらないが、だれもが共通して経験するのがこの三つである。まず最初にこの三つに目を光らせて、すばやく取り除いてしまえば、われわれが煉獄ですごす日々は大幅に短縮されるだろう。では、きたるべき春には、ゆっくりテークバックし、充分なバックスウィング——必要だと思う以上に大きく——をとり、左手でしっかりグリップし、切れ味鋭くボールを打ち抜く決心をしよう。これらを実行し、忘れないようにすれば、調子を取り戻すまで長くはかからないだろう。

わたし自身の毎年の経験はかなり焦《じ》れったいものだった。アマチュア選手権が終ってからふたたび暖かい季節がめぐってくるまでの間、せいぜい三、四ラウンドしかプレーしなかったし、ときにはラウンドとラウンドの間が二か月もあくことがあった。そんなときは完全にリラックスして、スコアのことなどほとんど考えずにラウンドすることができた。するととてもよいスコアが出た。ところが春が近づいて、ラウンドの回数が増え始めると、今さっき述べたような失敗が頭をもたげる。多くを期待しない初ラウンドは悪くないのだが、それから先はトラブルの連続だった。

まっすぐな左腕

どんなスポーツでもよいフォームは効率という基準で評価されなければならない。たとえば熱エンジンの効率は、エンジンの作業量とエンジンに供給される熱量との比率によって測られる。同じようにゴルフ・ストロークの効率も、ボールに対する作業量と、スウィングするために使われた肉体的エネルギーの比率によって測られなければならない。上級者はショットの効率が高いために、ほとんど力が入っていないように見えるのに遠くまでボールを飛ばす。一方ダッファーは、ありったけの力でクラブを振っても、多くのエネルギーが浪費されてしまうのでボールはそれほど遠くへ飛ばない。

ゴルフにおける高い効率、したがってよいフォームは、次の三つの要素いかんで決まる。すなわちインパクト時の可能なかぎり大きなヘッド・スピードの開発、ボールを飛ばそうとするラインに沿ってブローを導くクラブとボールの正確なコンタクトの達成、そしてこの二つの基準にしたがっておこなうスウィングの安定性である。

これらはだれの目にも明白な一般論ではあるけれども、ゴルファーにとって左腕の正しい使い方がいかに重要であるかを理解するために、その線に沿って少し考察してみることは無駄ではないだろう。なぜならこの点ですべてのダッファーははなはだしく欠陥があり、ダッファーよりはましなプレーヤーたちもしばしば迷ってしまう部分だからである。

ある人々にとってまっすぐな左腕とは肉体的な不可能事である。だからのばした左腕はよいフォームを生む主要条件のひとつである、というにとどめよう。それは多くの点でクラブ・ヘッドのスピード、正確なコンタクト、スウィングの安定性——つまり効率の三つの構成要素——に貢献する。

さしあたりわれわれの主たる関心事はバックスウィングである。後ろへの動きはヒッティングで使われるパワーを貯えるための手段にすぎない——がしかし、この貯えられたエネルギーの量を増すことがなによりも重要である。すでに体の回転を始動させる動きは腰から始まることを見てきた。この動きが少し進んだところで、左腕がクラブを後ろへ押しやり始める。

さて、クラブの後ろへの動きが半ば完了した時点で、左腕はほぼまっすぐになり、クラブを無理のない範囲内でできるだけ遠く後ろに押しやっている。この結果スウィング・アークがワイドになって、ダウンスウィングでクラブ・ヘッドを加速させるためのスペースと時間が限界まで大きくなる。

左腕を目に見えて曲げてしまうプレーヤーは、スウィング・アークの幅とパワーを犠牲にしている。彼のスウィングは、アークの幅が限界までワイドでないために、その分だけ実現可能な理想の効率から遠い。

まっすぐな左腕それ自体にはスウィングのパワーを増す要素はなにもない。左腕をまっすぐに保つことができるプレーヤーにとっては、それはバックスウィングのアークを制限する要素だから、健全なメソッドの一部である。したがって、左腕がまっすぐなときこのアークは可能性の限界までワイドになり、スウィングは同じ軌道で何度でも反復がきくものになる。腕を曲げるとスウィング・アークの幅が少なくなり、その結果クラブ・ヘッドを加速させるためのスペースと時間が小さくなることを除けば、腕を曲げることによる最大の損失は、ショットの正確性が失われることである。

それにしてもバックスウィングで左腕を棒のように硬直させてまっすぐに保つ人は少ない。わたしは左腕でクラブを後ろに押してやるフィーリングを好む。なぜなら、それによって左腕は適度にのばされるからである。しかしそれは、クラブの後ろへの動きがまだ続いているうちにボールに向かって腰の巻き戻しが始まるまでは、完全にまっすぐにはならない。充分な長さのバックスウィングをおこない、同時に左腕をほぼまっすぐに保つためには、腰が充分に動かなければならない。もちろん腹の出た中年すぎのプレーヤーにとって、のびのびとした充分な腰の回転をおこなうのは容易ではない。彼が充分なテークバックをおこなうためには、左ひじを少し曲げるしか方法はない。

左腕に関するかぎり、重要なのはそれがヒッティングの動作で折れてしまわないことである。偉大なイギリス人ゴルファー、ハリー・ヴァードンが六十歳の誕生日をすぎてから撮影された映画を見ると、トップ・オブ・スウィングで左ひじがほとんど90度に折れ曲がっているのが目につく。ところが腰の回転で左サイドに張りができると同時に、この腕がまっすぐに伸びて、ボールをヒットしたあとまでその状態が続く。つまりトップで左ひじが折れても、それ以降の動きが正しくおこなわれるかぎり致命傷とはならない。

最も役に立つのは完全なリラクゼーションである。タイミングとリズムはパワーを大きく補うことができる。なにはともあれ前にも後ろにもクラブをのびのびとスウィングし、短いバックスウィングから必然的に生じる窮屈さを避けるべし。

しかし左腕がなにをなすべきかがわかったところで、われわれは左腕にやるべきことをやらせる方法を見つけるという、はるかに難しい問題に直面する。「左腕をまっすぐに保て」と口でいうのは易しい。しかしアベレージ・ゴルファーが知りたがるのはどうすればそれが可能かということである。

簡単にいうと、インパクト時に左腕が折れる原因で最も多いのは、なんらかの原因で左ひじが体側につかえることだと思う。多くのプレーヤーはクラブ・ヘッドが遅れることを心配しているように見える。そこで彼らはクラブ・ヘッドを手より先へ投げだすか牛のしっぽのように振ろうとする――これこそまさに左腕がたたまれてまったく役に立たなくなる原因である。わたしはある優秀なインストラクターが、そういう生徒を相手にしたとき、ボールをクラブのソールで打ってみなさいといって相手を驚かせるのを見たことがある。このアドバイスの狙いはただひとつ、左腕が振り抜けるよう左ひじを体側からはなさせることだった。

上級者たちのグリップをよく見れば、一人残らず左手がある程度シャフトにかぶさっているのがわかるだろう。その狙いは左ひじをいくぶんかホール方向に向け、左の二の腕が体側につかえるのを防ぐことにある。左腕は胸のすぐ近くを通らなければならないが、そのときプレーヤーが〝自分自身を抱きしめる〟ような感じがあってはならない。

地面を利用する

正しいゴルフ・スウィングがいかに単純なものであれ、万人に理解できる言葉で説明することはさほど容易ではない。われわれのように言葉で説明しようとする人間は、常に同じ内容を伝える新しい表現を探している。新しい観点からの表現なら、古い表現ては通じなかった人たちにもわかってもらえるのではないかと考えるからである。われわれが伝えようとするのは感覚の領域に属することなので、連続する運動の最も正確な説明でさえ生徒には全然ぴんとこないことが多い。生徒に必要なのは自分でその感覚をつかむことができる表現またはアイディアなのである。

そういう表現のなかの、比較的最近使われ始めたひとつがわたしはとても気に入っている。このごろプレーヤーがボールをヒットするときに〝地面を利用する〟という表現をしばしば耳にする。このいいまわしが伝えようとする意味そのものは少しも新しくはないが、それは古いアイディアを表わす新しい表現法であり、疑いもなく多くのプレーヤーに従来の表現よりもはるかに強い印象を与えるだろう。

アベレージ・ゴルファーにいちばん欠けているのはボディ・ムーブメントである。第一段階では、彼はクラブを腕だけで振る傾向がある。次の段階では、インストラクターに説得されてある程度上半身を使い始める。しかし、結局いつまでたっても脚と腰を充分に使う——いいかえれば〝地面を利用する〟——ようにはならないのではないかと考えさせられることがある。

エイブ・ミッチェルがどこかで、ゴルファーは「彼自身の下で自由に動くべきである」と書いている。この言葉は、スウィングの錨《いかり》の役目を果すほぼ固定された部分としての頭の下で、脚と腰を充分に使うことを意味する表現としてたいそうすぐれている。それはすぐれたプレーヤーたちの特徴である腰の平行および回転運動を意味している。〝地面を利用する〟という表現はエイブ・ミッチェルの言葉になにかをつけくわえるものだと思う。

〝地面を利用する〟という概念は、まず両足が芝のなかにしっかりと固定されなければならない、という考えを捨てさせる。もちろんそれは確固たる結合を意味するが、しっかり根を張ったような状態というよりは動きの概念である。脚を使おうとするプレーヤーが、スウィングを始める前に自分を〝銅像化〟することによって、両脚を役に立たなくしてしまうことはまず考えられない。

腰、脚、背筋を正しく使うことによって途方もなく大きなパワーが得られる。これらのパワー・ソースは、主として腕だけでスウィングするアベレージ・ゴルファーにはほぼ完全に無視されている。正しいスウィングでは、腰がボールに向かって戻る動きをリードし、巻き戻しの過程でスピードとパワーを生む。インパクトの瞬間に、腰はアドレスの位置から回転して、ボールにほぼ正対する。腰の巻き戻しはインパクトの直前に一種のよじれとなってピークに達し、両脚が協力して体の左側にとつぜんの強力な推力を生みだす。

わたしの場合はこの動きを腰で感じてコントロールする。しかしそれを足で感じてコントロールしてはならない理由はない。もちろんボディ・ターンは、両足が地面をしっかり踏みしめていなければ実行できない。ある人にとっては両足で地面をよじる感覚のほうが、ほかの方法で腰の動きを強制する感覚よりも実行しやすいかもしれない。

〝地面を利用する〟とは腰と脚を使うことを意味する。スウィングの初めから終りまでべた足で立って、腕と肩だけでクラブを動かすゴルファーは、腰も脚も使っていない。またゴルフ・スウィングというものをよく理解もしていない。ゴルファーが〝彼自身の下でスウィングする〟ことを好むにせよ、〝地面を利用する〟ことを好むにせよ、よいゴルフをするためにはある程度脚を使わなくてはならない。

多くのゴルファーは、両足の爪先をわずかに外側に向けることを初めとして、腰を全然回さずに左足の真上で左ひざを曲げることによって、バックスウィングの初めから左かかとを上げるという過ちを犯している。この動きは明らかにトップ・オブ・スウィングで体重が左足にかかりすぎると同時に、右へのターンを大きく制限するという欠点を生む。

バック・スウィングでの正しいターンをそれぞれ腰、ひざまたは足の動きとして説明することが可能である。腰もひざも足もみな果すべき役割を持っているが、正しいターンをひとつの方法だけで説明するならば、すべてのゴルファーが同じようにはっきり理解できるとは思えない。

そこで足に関していうならば、正しい動きは左脚に支えられた体重を左足の内側に移動させ、トップ・オブ・スウィングでは左かかとが地面から引き上げられて、左足裏の親指のつけ根のふくらみが体重を支える。この正反対の動きが右サイドで起きる。なぜならそこではトップ・オブ・スウィングで体重が右かかとの外側にかかるからである。わたしの場合は、そして大きなボディ・ターンをおこなうすべてのプレーヤーの場合も、体重は右足の外側へ大きく移動するので、右足の親指が実際に地面から持ち上がってしまうほどである。

体重を左足親指のふくらみの内側へ移動させることによってバックスウィングを開始させるという考えは、しばしば正しいアクションを始めるための最も易しい方法である。なぜならこの動き自体が左ひざを右にターンさせ、右サイドのターンを強制するからである。もちろんひざそのものの動きまたは腰のターンの動きを考えることによっても同じ結果が得られる。要は個々のゴルファーにとってどれが最も易しい方法かという問題である。

どの方法を選ぶにせよ、動きがスムーズでゆったりしていることが重要である。そのためには、性急なバックスウィングの原因となりそうなアドレスでの不安定な姿勢を避けなくてはならない——必要なのは体重が両足に均等にかかり、かかとにも爪先にも片寄らないゆったりした無理のない姿勢である。

残念ながらアベレージ・ゴルファーがおろそかにする二つのものが、フット・ワークとボディ・ムーブメントである。この二つは、まずクラブ・ヘッドを腕で動かし、それから腕が動くのに必要なだけボディをターンさせるか足とひざを動かすというように、いわば間違った順序で始まる。もちろんゴルフ・スウィングは腕とボディによっておこなわれるが、わたしはボディの運動が腕の動きによって制限されるべきだとは思わない。あるイギリス人外科医が胴体の筋肉は全身で最も強い筋肉であると指摘しており、わたしは彼がすすめるその筋肉の使い方にかならずしも賛成ではないが、胴体の筋肉を積極的に使うべきだという彼の考えは全面的に正しい。

実際、腰と肩のターンが、そしてこのターンを足と脚に調和させ、釣りあわせることが、効率のよいフォームの基本的な要素であることはほとんど疑いない。それができるかどうかが上級者とアベレージ・ゴルファーの最も明白な違いである。240ヤードの飛距離と、腕だけでスウィングする人の175ヤードの飛距離の違いは、主としてここから生じる。

頭はスウィングの錨

アベレージ・ゴルファーは、ボールに目を釘づけにする必要について、だれからもなにも注意されないほうが、はるかによい結果が得られるだろう。多くの人が指摘しているように、ある種の錨でスウィングを固定することには測りしれないメリットがある。わたしはそれを〝ボールを見続ける《ステイ・ダウン・トゥ・ザ・ボール》〟というイメージでとらえている。しかし頭を微動だにさせず、目をボールに釘づけにすることに集中しようとすると、かえってトラブルを招くことになる。どのみち意識しないでも自然にやれることを、わざわざ意識的にやろうとすると、そこに要らざる緊張が生じる。これから打とうとする対象物を見るのはきわめて自然なことであり、その存在と場所をふつうに見て意識するだけで充分である。ゴルフ・ボールにわざわざ視線を釘づけにするのは、まったく不必要なことであり、せっかく手に入れたリズムとリラクゼーションをぶちこわしてしまうおそれがある。

わたしは〝ボールから目をはなすな〟という金言に、パッティング・グリーンとショート・アプローチを除いて、ほとんど価値を認めない。ロング・ショットのミスの原因はほとんどの場合ほかにある。

ボールを正確にヒットするために、プレーヤーの目はヒットするポイントをしっかり見ていなければならないことは事実だが、ボールの行先を早く見たいという気持とは無関係にルック・アップを引きおこすスウィングの欠陥があることもまた事実である。アベレージ・ゴルファーはまったく別の理由で顔を上げたのに、ルック・アップしたといって自分を責めすぎる。

確かにパッティング・グリーンでは、最終目標であるホールと、パッティング・ラインを構成するスポットの連続という中間目標が、ボールにアドレスしたときにプレーヤーの視界にあまりにも近すぎて、ついそっちに目が行ってしまうおそれがあるので、ボールを正しく打つという最も重要な行為に精神を集中することがなかなか難しい。この理由で、ボールの表面のヒットしようとする一点に意識的に視線を釘づけにする方法がしばしば役に立つ。

しかしティーからのドライバー・ショットやグリーンへのロング・ショットでは、この難しさは存在しない。これらのショットでは、遠くの目標から目をはなしてボールに注意を向けることが比較的容易である。だからルック・アップ現象はめったに起きない。ほかに注意を引くものがなくなれば、これから打とうとするものに目を向けるのはきわめて自然であり、クラブを正しくスウィングするならば、顔を早く上げすぎる危険は微々たるものになる。上級者がブラッシー・ショットをめったにトップしないのは、ボールに視線を釘づけにするからではなく、正しいスウィングがルック・アップを防いでくれるからである。

正しいスウィングはほとんど動かない頭の下で全身によっておこなわれる。ある人は頭をスウィングの錨と呼ぶが、それはきわめて妥当な概念といってよいだろう。重要なのは、顎は肩と一緒に回らないし、また回ってはならず、逆にスウィングの進行につれてそれとは反対の方向に動くことである。

ルック・アップの原因の最も多くは右サイドにある。右サイドと右腕がプレーヤーを押えこむかわりに、その役目を果さずに体が浮き上がるようなストロークをおこなうと、かならず頭が動いてしまう。

この現象が起きたら、もう一段階遡《さかのぼ》って、主としてリスト・コックの早すぎる解除という欠点をなおす方法がある。ダウンスウィングでコックのアングルがのびるのが早すぎると、クラブ・ヘッドが適正な軌道より下を通ることになり、それをボールに当てるために体を浮かさなければならなくなってしまう。

リスト・コックのアングルを維持し、右サイドの正しい動きとまっすぐにのびた左腕によってスウィングが浮き上がらないようにするプレーヤーは、ルック・アップを恐れる必要がない。彼にとっては、この瞬間、これから打とうとするボールの背面以上に興味を引かれるものはないだろう。

タイミングについて

残念なことに、ゴルフ・ストロークの最も重要な特徴は、説明するのも理解するのもはなはだ難しい。だれもがよいタイミング、誤ったタイミング、タイミングの大切さといったことを話題にするが、タイミングとはなにかを定義できた人間は一人もいない。ダッファーはストロークのタイミングが悪いからミス・ショットをするのだといわれるが、ではタイミングをよくするにはどうすればよいかはだれにも教えられない。

悪いタイミングの原因となる最も一般的な間違いのひとつを、研究熱心なアベレージ・ゴルファーが参考にできる程度に正確に指摘することが可能だろう。つまりそれはダウンスウィングのなかでボールをヒットするのが早すぎるという間違いである。わたしはそれが多くのゴルファーに見られる間違いだと述べた。実はそれはすべてのゴルファーに共通する間違いなのである。上級者の場合は慢性的な症状だが、ダッファーの場合は常についてまわる悪習慣といってよい。

おそらく90以上のスコアで回るゴルファーの百人中九十九人までは、百回のストロークのうち九十九回で早打ちをしすぎるだろう。それよりよいスコアで回り、かなりよいフォームを持っている多くのゴルファーたちが、実力通りのスコアを出せないのもまさにこの理由による。

早打ちはそれ自体がタイミングの欠陥である。それはクラブがボールに達したとき、パワーの大部分がすでに使い果されているという事態を招く。すべてのパワーをボールに伝えるかわりに、なんの役にも立たない空中ですでにその大部分を使い果してしまったのである。

わたしが見たかぎりでは、実際のところ、常にヒッティングが遅すぎるという欠点を持つゴルファーはただの一人もいないのに、だれもがみなヒッティングが遅れて間に合わないのではないかと心配している。ときにはクラブがボールに達したときにクラブ・フェースが開いている人を見かけるが、その原因は例外なくヒッティングの遅れとは別のところにある。

早打ちの最大の原因は右手と右手首の動きにある。左手がクラブをしっかりグリップしていれば、左手がコントロールされているかぎり早すぎるヒッティングは起こりえない。左サイドはバックハンド打ちであり、両手首のアンコックを伴うヒッティングよりも、左ひじをまっすぐにのばして左肩で引っぱる打ち方を好む。しかし右手はストロークの初めから終りまでよりパワフルなポジションにある。ストロークにおける右手の役割は、テニスでフォアハンドと呼ばれているものである。それは右手が最も行きやすい方向へ動いていく。

プレーヤーは力いっぱい強打することしか考えないので、右手はまだ参戦する権利がないうちに戦いに参加する傾向がある。右手に出番がくるまで打たせないようにするためには、その動きを抑えつけなくてはならない。

ディレード・ヒッティング

すべてのゴルファーに、右サイドの正しい動きを示す一連の映画を、とくに両手首の連続的なポジションに注意しながら見てもらいたい。上級者の場合、両手首は、少なくともダウンスウィングの半分が両腕によって完了されるまでは、トップ・オブ・スウィングと同じように充分にコックされたままである。

対照的にダッファーは、ダウンスウィングが始まると同時に手首でクラブを鞭のように振る。そして自分のスプリングからたちまちすべてのコイルを取りのぞいてしまい、両手が時計の文字盤の八時の位置に達したときには、両手首がまっすぐにのびきってしまい、パワーは腕と肩に残っているだけで、体をねじったりゆがめたりしなければそのパワーを利用できない。

(一見のびのびとプレーしている) プレーヤーが、競技のプレッシャーで自爆してしまうとき、引金を引いた直接の原因は御しにくい右手、すなわちプレーヤーの緊張と不安のせいでコントロールがきかなくなってしまった手である確率が高い。

わたしは右手のパワーの誤った使い方をいつも警戒しているが、それでもこの悪癖から完全には逃れられない、といっても嘘にはならない。もちろん右利きのゴルファーにとっては、あらゆることを右手でしようとするのはきわめて自然であり、右手が必要なときにもわざわざ召集せず、必要がないときは遠ざけておくことが必要になる。その意識は右手の使用よりもむしろ排除である。わたしの考えでは、バックスウィングの全体と、ダウンスウィングまたはヒッティング・ストロークのほぼ半分を通じて、右手はスウィングの安定要素としてのほかはまったく無用である。右手が初めて役に立つのはヒッティングの主役をつとめるときだけである。

ダウンスウィングの初めに右手に主導権を与えてしまうと、早く打ちすぎてしまう。スウィングは正しい軌道でスタートするチャンスがなくなり、パワーは早く使い果されてしまう傾向がある。手首はためこんだエネルギーをボールに向かって放出する前にコックがほどけてしまうだろう。

もちろん両手でゴルフ・クラブをスウィングするかぎり、それを正しくスウィングするためには両手が正しく使われなければならない。しかし大部分のプレーヤーにとって、努力すべき目標は右手を積極的な活動に導くことよりも、いくつかの重要な段階で右手の動きを封じることでなければならない。正しいスウィングとは、完全に人工的で不自然な動きであるといわれてきた。生まれつき右利きの人間が左サイドに無理を強い、右サイドを抑えつけるという意味ではまさにその通りである。

これだけでも左サイドを強調する充分な理由になる。左サイドは使わなければならないが、左サイドを使うのは不自然なことだから、右サイドよりも意識的な誘導が必要になる。右利きのゴルファーが右利き用のクラブでスウィングするときは、右手でヒットすることを考える必要はない。右手を早く使いすぎないこと、または右手の使い方を誤らないことに注意するだけでよい。逆にもしも彼が左サイドを動かすことを意識的に考えないとしたら、間違いなく左サイドが邪魔をしてなにもかもぶちこわしてしまう。

わたしがイメージする正しいスウィングの中心となるのは、バックスウィングでもダウンスウィングでも左サイドを動かすという考えである。これが大見出しである。右手の使用は、重要ではあるが、しょせん小見出しにすぎない。右手の使用は、左手を圧倒するのを防ぎ、出しゃばりすぎて惨憺たる結果を招くのを防ぐためにだけ考慮されるべきである。

正しいバックスウィングはボールから遠ざかるボディ・ターン、つまり左サイドによってコントロールされ、作動させられる動きで始まる。ボディ・ムーブメントが両手をボールから引きはなすにつれて、左腕がクラブを後ろへ押し始める。アベレージ・ゴルファーは、自分にとって自然な形でクラブをスウィングするので、右手でクラブを持ち上げることになる。クラブはすぐさま肩の上まで上がる。左サイド、左腕、それになによりも大切な腰の回転は忘れられてしまう。腰に回転を強制するもの、または回転を助けるものさえないので、腰は全然回転しない。こうして始まったクラブを持ち上げる動きは、ボディ・ターンの助けがなくてもほとんど無限に続けられる。である。バックスウィングの初めに右手でクラブを持ち上げるこの動きを避けることが重要である。このときこそ、右手はクラブを軽く握り、左の動きに呼応してそれを少し助けてやるだけで、あとはいっさい出しゃばってはならない。もしも右手が動けば、十中八九トラブルを招くことになる。

インサイドからのヒッティング

上級者のスウィングを構成するさまざまな動きについてのわれわれの知識は、せいぜいよくいっても曖昧なものでしかない。とくに観察結果を自分のゲームに応用しようとするときはなおさらである。写真は上級者がゴルフ・ボールをヒットするときに実際に起きることをかなり正確に見ることを可能にした。しかし写真で見たものを再現しようとするときは相変らず暗中模索の状態である。プレーヤーは自分自身を見ることができない。だから完全にフィーリングによって自分のストロークをおこない、アジャストしなければならないが、不幸にして二つの感性がまったく同じように反応することはありえない。

わたしはある年サウスイースタン・オープンの直前にオーガスタでこのことを考えた。ミスター・アレグザンダー・ルヴェルがジョニー・マクダーモットからレッスンを受けたこと、マクダーモットからフェアウェイの右端に向かって外側へクラブを振り抜けとアドバイスされたことを話していた。その教えを守ったおかげでほとんど常にまっすぐなドライバー・ショットが打てるようになったと。

J・ダグラス・エドガーはわたしが記憶するかぎり、インサイド・アウト・スウィング理論の最初の提唱者である。もっともマクダーモットはそれ以前からインサイド・アウト・スウィングを実践していたと思われるが。エドガーはいわゆる〝門口《ゲートウェイ》〟なるものまで考えだして、生徒たちにそこを通り抜けるスウィングをおこなわせた。彼のレッスンが常によい結果を生んだかどうかわたしにはわからないが、アトランタの弟子で彼の教えを鵜呑みにした連中の大部分は慢性的なフック病患者だった。

理想的なストロークは飛球線に沿ってクラブでまっすぐにボールを打ち抜いて行く、というのがわたしの持論である。ほかのどんな方法でもストレート・ショットが打てるとは思わない。もちろんクラブはこの想像上のラインをいつまでも追いかけることはできないが、クラブがボールと接している間だけ、つまりクラブ・ヘッドが1インチ弱動く間だけ追いかけることが重要なのである。

打法の細かい点は個人個人によって異なるが、完全なドライバー・ショットを打つためのメカニカルな必要条件は変らない。ミスター・ルヴェルがフェアウェイの右端を狙ってスウィングすることによってよい結果を得たように、わたしは一九二七年のミニカーダで、それと正反対の戦術を用いることでよいドライバー・ショットを打つことができた。その年の全米アマ選手権が始まってから、わたしは明らかにインサイドからボールを強く叩きすぎることが原因のフックに悩まされていた。ストレート・ショットが打てたのは、両手をフェアウェイの左端に向かって振ることを試みたときだった。

いずれにせよ、ストレート・ショットはストレート・ヒットから生まれる。しかし個人個人は〝感覚〟でプレーする。誇張による修正の原理にしたがえば、人は一方向にスウィングすることによって別方向にスウィングすることを避けているにすぎない。いいかえれば、インサイドからヒットしようとすることによって、実際はアウトサイドからヒットすることを避けているだけなのである。

Photo taken in 1921.

第八章　ロング・ドライブ

ロング・ヒッターの秘密

この国には、ドライバーでジャスト・ミートしたときでも、自分よりはるかに体力の劣る若者のありふれたショットよりも飛ばないのはなぜか、と首をかしげるゴルファーが少なからずいる。とりわけ、今日のゴルフ界のトップ・プレーヤーたちよりも筋力の点ではるかにすぐれているアスリートたちがそのことを不思議がる。彼らには体重120ポンドの小さな子供が、自分たちの年に一度のナイス・ショットよりもはるかに遠くまでボールを飛ばすわけが理解できない。

ゴルフでも体力はある程度重要である。重要でないと主張するのはばかげている。なぜならリズム、タイミングその他について好きなだけ語っても構わないが、最も強い力でボールをヒットする人間が最も遠くへボールを飛ばす人間であることは否定できない事実だからである。リズム、タイミング、その他フォームの基本的要素は、どのプレーヤーが最も強くボールをヒットできるかを決定するだけである。

ロング・ドライビングはある程度タイミングのよさによって説明できるだろう。つまりわたしのいいたいのは、一流プレーヤーのボールが二流プレーヤーのそれよりも遠くまで飛ぶのは、主としてタイミングが合っているからだということである。ダッファーのボールが飛ばないのは、最も効果的なところでパワーを使うことがめったにないからである。しかしわれわれが一流と呼ぶプレーヤーのグループのなかには、少数ながら仲間のだれよりもはるかに遠くへ飛ばせる人たちがいる。この飛距離の差はタイミングの善し悪しでは説明できないとわたしは思う。なぜなら一流プレーヤーのなかにタイミングの悪い人はいないからである。少数の人のこの飛距離増加の原因は、タイミングではなくフォームに見いだすことができる。

ときおりアベレージ・ゴルファーでさえ、タイミングとフィーリングさえよければ、ボールにジャスト・ミートすることがある。そのとき彼としては最大の飛距離が出る。ところが体力的にははるかに劣るけれども、より上手なプレーヤーは、彼の最長のドライバー・ショットを何ヤードも軽々と越していく。こういう現象を可能にする原因は、スウィングに――より大きなボディ・ターン、バックスウィングのトップでの高い手の位置、スウィング・アークの長さと大きさなどに見いだされる。

わたしの全盛時代のロング・ヒッターといえば、チャールズ・レイシー、チャーリー・ホール、シリル・トリー、ビル・スタウト、それにフランス人のマルセル・ダルマーニュといった面々だった。それぞれのスタイルで目につく特徴は、ダウンスウィングでクラブがボールに近づいたときの速いピボット、つまり腰の回転だった。彼らは体のなかで最もパワフルな筋肉、すなわち背中と腰の筋肉を最大限に利用し、そうすることによって競争相手よりも遠くへボールを飛ばすことで目立つ存在になった。

アベレージ・ゴルファーは腰とボディをほとんど使わない。主として両手でクラブを引き上げ、背筋をほとんど使わずにボールをヒットする。彼らより少しはましだが、まだ上級者の域に達していないプレーヤーのターンはそれよりもっと大きい。巻き戻しも悪くないかもしれないが、よく観察すれば彼のボールへのターンが遅れることに気がつくだろう――ボールをヒットする前にピボットを止めてしまいさえするかもしれない。上級者は充分なターンをおこない、左へのターンもヒッティング・エリアを通じて中断することなく続ける――そしてトップクラスのロング・ヒッターは閃光のようにすばやく腰を回転させる。

一流のゴルファーはほとんど例外なしにバックスウィングで腰を大きく右へ回転させる。どのゴルファーを見ても背中がボールに正対する――必然的に腰は肩よりも回転が少ないから、ボールに正対するのは背中の上のほう、肩と肩の間の部分である。ウェストから上に目立ったひねりが認められる。

この回転とひねりをリスト・コックと同じくパワー源とみなすならば、問題は最大限のヒッティング・パワーをボールに伝えるべく、正しいタイミングでそれを巻き戻すことである。上級者はダウンスウィングの初めに腰の巻き戻しを始める。ボールへの巻き戻しは、ダウンスウィングそれ自体と同じようにゆっくりと始まり、急激でパワフルなひねりはリスト・コックと同じようにヒッティングにそなえてとっておかれる。左腰がターンして道をあけることが大切だが、腰のひねりが急激すぎて、その巻き戻しのパワーがダウンスウィングの前半で使い果されてしまわないこともまた大切である。

左ひざの動きもリストの正しい動きと完全に類似する。左ひざは前方に——ホールのほうへではなくプレーヤーの正面に——曲がって、バックスウィングでは右に振れる。ダウンスウィングでは逆に左へ振れるが、すぐにはまっすぐにのびない。それはインパクトの直前、腰の最後のパワフルなひねりがおこなわれると同時にまっすぐにのびる。左脚をまっすぐにのばし、ひざ頭を引っこめ、よくいわれるように、プレーヤーが〝左脚にぶつかる《ヒット・アゲンスト》〟ような印象を与えるのはこのひねりである。わたしはこの表現が好きになれない。左サイドがスウィングを妨害しているように感じられるからである。〝左脚で打つ《ヒット・ウィズ》〟という表現のほうがはるかにましだと思う。

実際のところ、疑いもなくロング・ヒッターは大きなアークを描いて腰を回転させるが、そのときに大きな労力を注ぎこむ。わたしはそれをボディの強力な捻転と形容する以上に適切な表現を知らない。

好調なプレーが続いているとき、わたしの場合はダウンスウィングの前半になにかを引っぱっているような感覚がある。が実際にはストロークに必要な労力から生まれた筋肉の緊張以外に、引っぱる対象はなにも存在しない。やがてこの感覚は急速に消え、最後に手首、ボディ、腕、脚が一体となってそれぞれのパワーを同時に発揮する。これらの要素の適切なタイミングがロング・ドライビングの真の秘密である。

距離を稼ぐドライビング

昔のわたしはシャロー・フェースのドライバーを好み、ティーの芝の上にボールを投げだしてそのままショットしたものだった。しかし、この方法だとショットは低く出てフライトの終りごろに急速に上昇し、着地するとそのまま止まってしまうことに気がついた。

この弾道とボールの転がりの少なさは、インパクト時のストロークの下向き方向から生じる過剰なバックスピンのせいだということが明らかだった。そこでわたしはよりフェースの厚いクラブを使い、急激な下向きのストロークをおこなわなくてもすむようにティー・アップを高くして実験を始めた。フェースの厚さが1⅞インチのドライバーを設計して作ってみさえした。こうした一連の実験から、理論はどうであれ、実際はディープ・フェースと高いティー・アップの組み合わせからより大きな飛距離が得られることを確信した。とりわけクラブをできるだけ地面と平行に動かして、ボールの真後ろをスクエアにヒットしたときにその効果が大であった。バックスピンはボールのフライトを安定させ、着地後の転がりをコントロールする作用があるので、アプローチ・ショットではアイアン・クラブとウッド・クラブのどちらを使う場合でも利点となる。しかし遠くまで飛ばそうとするときは、そしてさほど正確さが要求されないときは、できるだけバックスピンを抑えることを目標とすべきである。

数年前、わたしは実際のクラブをセットしたドライビング・マシーンで自分の考えが実証されるのを見てわが意を得た。そのテストでは、まずボールはクラブ・ヘッドがストロークの最下点に達する直前にヒットされるようにセットされた。その位置で数発のドライバー・ショットが打たれ、それぞれの飛距離が計測されたあとで、今度はクラブ・ヘッドが最下点をすぎたあとで当たるようにボールがティー・アップされた。二番目の位置から打たれたすべてのショットが、最初の位置からのショットよりも遠くまで飛んだ。もちろんマシーンが同じスピードと強さでクラブをスウィングしたことはいうまでもない。

ドライバー・ショットではできるだけバックスピンを少なくすべきであるという決定的な証拠はこれ以上必要ないと思う。もちろん高いティー・アップとディープ・フェースは必要条件ではない。なぜならシャロー・フェースのクラブで低いティー・アップからボールを打っても、同じストロークをおこなうことは可能だからである。しかし疑いもなく高いティーからのほうがストロークは容易だし、より厚いフェースはプレーヤーに安心感を与える。しかしほかのあらゆることと同じく、わたしの特製ドライバーでわかったように、この場合も行きすぎはよくない。ある一点を越えると、フェースの厚みが増すにつれてそのクラブを使いこなす難しさも増す。とうとうそのクラブはわたしの手に負えなくなってしまった。一生に何度もないほどのロング・ドライブを放ったのは事実だが、今より小さくて重いボールを使い、しかもシャフトがヒッコリーだったころには、そのクラブはあまりにも信頼性に欠けた。今日のボールとスチール・シャフトならもしかするとそのクラブを使いこなしていたかもしれない。

ビギナーは最初のセットからドライバーを抜き取るほうがよい、とアドバイスされることが多い。ゴルフ・スウィングがどういうものかわかるまでは、ドライバーよりロフトの大きいブラッシー、すなわち二番ウッドのほうが、たとえティーからのショットでもはるかに満足すべき結果が得られるからである。これは悪いアドバイスではない。ドライバーは、一番アイアンと同じように、ロフトの大きな兄弟たち、ブラッシーやスプーンよりは難しいクラブだからだ。それでボールを空中に上げ、正しい飛球線に沿って飛ばすには、より正確でよりパワフルなストロークが必要である。

通常のデザインのドライバーは80パーセントのゴルファーにとって事実上役に立たない、という意見さえ聞いたことがあるし、チック・エヴァンスは少なくとも一度のナショナル・チャンピオンシップで、すべてのティー・ショットをバッグに入っていた唯一のウッド・クラブ、ブラッシーで打ったという話を聞いている。

一九三二年のオレゴン・オープンの後援者たちは、トーナメントのアトラクションとしてドライビング・コンテストをおこなうという古い習慣を復活させることに決めた。われわれの何人かは、いかなる招待トーナメントや地区トーナメントも、ドライビング、ピッチング、パッティングのコンテスト、あるいは銀カップをもう少し多く出す口実としてのコンソレーション・フライト抜きでは完全とはいえなかった時代を記憶している。しかしながら、このトーナメントの場合、オレゴンの人々はドライビング・コンテストをプログラムに加えるための、きわめて正当かつ興味深い理由を持っていたようだ。コンテスト出場者は新しい規格ボールと一九三一年の規格ボールでそれぞれ三回ずつショットをおこなって、二種類のボールの違いを生身の人間によるデモンストレーションで示す機会を提供した。

ボール・メーカーとUSGAは、250ヤードのドライバー・ショットでは、新規格ボールが旧規格ボールよりも約5ヤード飛ばないと発表していた。しかし、それはドライビング・マシーンによるテストの結果だった。生身の人間による実験でも、ほぼ同じ結果が出ることがわかれば心強い。

ジーン・サラゼンが古いボールでロンゲスト・ドライブを放ち、新しいボールでも他の二人とトップを分けた。彼の最長飛距離は古いボールで253ヤード、新しいボールで242ヤードだった。その差は11ヤードだが、より信頼性の高い尺度は新旧のボールによるベスト十球の飛距離の平均値に見いだされる。すなわち平均飛距離は236ヤード対231・2ヤードで、その差はわずか4・8ヤード、公式発表との違いは0・2ヤードだった。

ダッファーにとっては心強いもうひとつの結論を引きだすことも可能だった——すなわちボールを変えることでいちばん距離を損するのはロング・ヒッターだという結論である。250ヤード・ショットでの5ヤードの差は、175ヤード・ショットではもっと少なくなる、という考えはまともに相手にされなかったはずである。しかしポートランドのドライビング・コンテストでは、この考えの正しさが証明されたようだ。なぜならトップの数字は二種類のボールで11ヤード違っていたが、飛距離が230ヤード以下になると両者の差は縮まり、結局平均的な5ヤード以下になった——決定的な証明とはいえないが、説得力は充分にあった。

二種類のボールの比較を通じてもうひとつ重要なことが明らかになった。その事実は、ゴルファーがゴルフを技量のテストと考えるか、易しければ易しいほどよいと考えるかによって、励みになるかもしれないしならないかもしれない。新聞記事によれば、各プレーヤーが古いボールと新しいボールを三個ずつ打って、同数のドライバー・ショットがおこなわれた。前者のうちの十九個が境界線内に止まったのに対して、後者でフェアになったのは十五個だけで、軽いボールのほうが不正確なヒッティングに対してより敏感に反応することがわかった。

ドライビング・コンテストは常にわれわれがロング・ドライブというものを大袈裟に考えすぎることを暴露する。それは新聞等で読む途方もない飛距離が、不正確な推測にもとづくものか、固い地面、下り坂のラン、追い風、あるいはその他の例外的な状況によるものであることを教えてくれる。われわれは300ヤードを超すロング・ドライブの記事をしばしば目にするが、その日のコンディションを正確に知っていることはまれである。275ヤード以上の数字に馴れてしまった結果、一流のゴルファーにとって240ヤードという距離は取るに足らないと思いがちである。

わたしは本物の一流ゴルファーたちが参加した二つのドライビング・コンテストを見たことがある。一九二一年にセント・ルイスでおこなわれた全米アマチュア選手権のときのコンテストでは、わたし自身出場者の一人だった。両方とも会場には平坦なグラウンドが選ばれ——セント・ルイスのそれはポロ・グラウンドだった——風はほとんどなかった。唯一の相違は芝の状態にあった。セント・ルイスの芝は雨で濡れていたが、イングランドのリザム・セント・アンズではボールがよく転がった。セント・ルイスではわたし自身が三回のショットの平均229ヤードで優勝し、最長の一打はシカゴのボブ・ガードナーの246ヤードだった。リザム・セント・アンズの勝者は——たしかアーチー・コンプトンだったと思う——平均240ヤード弱で、最長はランを含めて263ヤードだった。一九三二年には、ジーン・サラゼンの253ヤードがなみいる一流プロのなかでの最長記録だった。

ニューヨークに300ヤードの平坦な地形からなるドライビング・レンジがあって、そこの経営者が限られた時間内に両方向から端から端までボールを飛ばせる人間がいないほうに五百ドル賭けた、という話を聞いたことがある。時間を限ったのは両方向とも追い風で打つチャンスをなくすためだった。1ヤードといえば36インチ、それが300といえば途方もない距離であることを考えもせずに、賭に乗った人間がいなければよいのだが。

ハード・ヒッティングの条件

ゴルフについて多くを知れば知るほど、ボールをどれだけ強く、あるいは弱く打つべきかに関する諸説の、どれを選ぶかがますます難しくなる。〝力みすぎ《プレシング》〟は避けなければならない、という説をしばしば耳にする。しかしそれを避けようと決意したとたんに、親切な友達が、ボールを運ぶ《スティアーリング》ような打ち方をしているが、もっと強くヒットしなければだめだと注意してくれる。

確かに、なにをなすべきかを知ることは難しい。どのショットも常にありったけの力で打つ人間の前途には、疑いもなく悲嘆の世界が待っている。極端なハード・ヒッティングには必然的にコントロールのかなりの犠牲が伴い、しかも強打したわりに飛距離がのびないことが多い。その原因はボールをスクエアにヒットしないからである。しかしボールをフェアウェイ中央へ運ぼうとして手加減し、ストロークのスピードをゆるめるのも同じように危険である。

あるときわたしはフィリップス・フィンレイと一緒にペブル・ビーチでプレーしていた。フィルはロング・ヒッターとしてあまりに有名で、その評判が彼のゲームの一部に影響しているに違いなかった。彼のロング・ドライブが文句なしの強打以外のものから生まれることに、ほとんどの人間が気づいていなかった。その途方もない飛距離がフィルにとってはごくふつうの打ち方から生まれることが、彼らには理解できなかったのである。だからフィルのウッド・クラブの調子が悪い日はいつも力みすぎだと批評された。フィルが気づいていたかどうかは別にして、そういうことが彼のゲームに影響を及ぼした。ドライバー・ショットが曲がり始めるたびに、真っ先に批評家たちの意見が頭に浮かぶものだから、ボールをまっすぐに飛ばそうとしてすぐにストロークのスピードをゆるめてしまうのだった。われわれが一緒にプレーした日、彼はフロント・ナインでドライバーが絶不調で、毎ホールのティー・ショットを抑え気味に打った結果、ふだんの調子からますます遠ざかっていった。九番ホールでチョロに近いフックを打って紛失球にしたあと、ついになにが原因だと思うかとわたしに質問した。わたしはおそらく力をセーブしすぎるからで、思いっきりひっぱたけばよい結果が得られるのではないかと答えた。

彼はそれまで毎ホール、フックを打ち続けていた。十番ホールでとてつもないロング・ドライブを放って、わずかに右フェアウェイをはずし、海に落とした。それからあと彼のドライバーはすっかり立ちなおった。

このことはなにがなんでもボールを強打すべきだ、ということを示しているわけでは決してない。プレーヤーに力をセーブさせるような、あるいは思いきったストロークをさせないようなヒッティングの概念は間違っていることを示しているだけである──おそらくそれは長い目で見れば強打よりもなお悪い結果をもたらすだろう。ドライバー・ショットでは、体のバランスとストロークのタイミングを崩さない範囲内で、できるかぎり強打すべきだ、というのがわたしの持論である。力みすぎがトラブルを招くのは、主としてバックスウィングが速くなりすぎるからである。バックスウィングをゆっくりおこなって、ダウンスウィングをゆっくりスタートさせることができれば、そのあとどれだけ力を入れても心配はない。

第九章 スライスとフック

スライスとフック

ある意味では困ったことだが、多くのゴルファーが上級者を、無意識のうちにクラブを正しい軌道でスウィングできるような、ある種の本能にしたがってショットをする生まれつきの天才とみなす傾向がある。彼らはクラブを振ることに熟達しているので、おそらく生まれたときからそのこつを知っていて、クラブ選択以外にはいっさい頭を使わなくてすむ、と思われている。それでは困る、とわたしはいいたい。上級者たちがそのように誤解されるのが困るというのではなく――彼らはその誤解に充分耐えられる――トップ・クラスのプロたちでさえいつの間にかスウィングに忍びこむ無数の欠陥を絶えず警戒しなくてはならないこと、そうした欠陥のひとつひとつの矯正法を知っていなければならないこと、そして一度矯正した欠陥がふたたび頭をもたげるのを防ぐ方法を知らなければならないことを、アベレージ・ゴルファーは理解できないのが困るといいたいのである。なぜそれでは困るのかといえば、アベレージ・プレーヤーは自分の欠陥を研究し、その矯正法を学ばなければならないことを認識すべきだからである。

ゴルファーがあらゆるストロークで過ちを犯すかもしれない方向が二つある。彼は左へラインをはずすかもしれないし、右にラインをはずすかもしれない。フックを打つかもしれないし、スライスを打つかもしれない。もしも彼がフックまたはスライスが出る原因を知っていて、急場しのぎの対策を立てることができれば、一緒にラウンドする仲間を苦もなくやっつけることができるだろう。しかしフックやスライスは右手の位置を変えることで、あるいはほかの簡単な方法でなおせると口でいうだけでは、全然効果がないことが多い。なぜならスライスやフックの原因となるボールのスピンは、クラブがボールにある特定の当り方をしたときに生じるが、その当り方をひきおこすストロークの欠陥はいつも同じではないからである。

残念ながら、スライスまたはフックが出ることを恐れているときのプレーヤーは、例外なしにその欠陥を矯正するのではなく、逆に増幅する原因となることをしてしまう傾向がある。ティーに立ったゴルファーが、とつぜんここでは絶対にスライスを打ってはならないと考えると、かならずといってよいほどクラブをボールにおろしてくるときに、フェアウェイの左側へボールを持って行こうとして両手を体の近くに引っぱりこむ。その結果ふだんのストロークをおこなったときよりもさらに強く、アウトサイドからクラブ・フェースでボールをカットすることになる。

ここまではだれでも知っている。スライス・スピンとその原因となる打ち方を理解していないゴルファーは一人もいない。しかしフック・スピンを生む打ち方、あるいはスライスを抑える方法となると、だれもが知っているとは限らない。

わたしの古い友人J・ダグラス・エドガーが、フック・スピンはボールの内側を圧縮することによって――つまりボールを真後ろからではなくいくぶんインサイド・アウトに打つことによって生じる、といっていたのを覚えている。ひどいフックが出るときはこの打ち方が増幅されていると考えて間違いない。いいかえれば、クラブをあまりにも急激に押しだし、そしておそらくアッパーブローでボールを打ちすぎている。もちろんここで問題にしているのはしかるべき高さのあるフック・ボールで、地を這って転がっていくだけのダック・フックは論外である。

したがって、アベレージ・ゴルファーには両極端の二つの方法が考えられる。スライスが出るときはアウトサイドからボールをカット打ちしていることを指摘して、バックスウィングでクラブをもっと体に巻きつけるようにさせること。そうすれば飛球線の充分後ろまで体が回って、ボールをアウトサイドへ打つチャンスが大になる。逆にフックが出るときはインサイドからボールをとらえすぎているから、ヒッティング・エリア内でのクラブの軌道をまっすぐにするよう努力させること。そうすればクラブは飛球線とクロスしてアウトサイドへではなく、ほぼ飛球線に沿ってストレートに通過する。

そのためには左手と左腕に気をつけて、左手がクラブを体からはなれる方向へ投げだすのを防がなければならない。わたしがフックに悩まされていたころは、フェアウェイの左サイドの一点を決めて、そのスポットめがけて左手でボールを振り抜く方法が有効だった。奇妙な話だが、スライスまたはフックの最も簡単な治療法は、スライス・ボールやフック・ボールが着地する地点に意識的にボールを打ってやることである。なぜならショットを右へ押し出すことによってフックを帳消しにしたり、左へ引っぱることによってスライスを相殺したりしようとすれば、結果は避けようとした欠陥がいっそう増幅されるだけだからである。

ダグラス・エドガーはゴルフ・クラブを持たせると魔術師だった。コースの境界線を示すフェンスに沿ってドライバー・ショットを打つとき、彼はフェンスのラインまたはその外側にボールを打ちだし、必要に応じてフェードまたはドローでボールをフェアウェイに戻す打ち方を好んだ。左右どちらでも好きなほうにスウィングすればボールはその方向へ飛んでくれるが、ストレート・ショットを打とうとすればボールがどっちへ曲がるかわからない、というのが彼の口癖だった。

原因と結果

アベレージ・ゴルファーが忘れてはならない大事なことは、まず第一に、両手より先にクラブ・ヘッドをボールに投げだしても役に立たないことであり、第二に、ボールを打つまで右腕を回転させたり、右手首を返すか左手首の上にかぶせるかしてはならないことである。クラブ・ヘッドを先行させることと両手首を返すことは、人気のある二つのスライス矯正法である。ただ困ったことに、どちらも効果はない。

ゴルフ・ショットを正しくおこなうためには、プレーヤーはクラブがスピードを増すにつれて、ボールからはなれるのではなく、ボールのほうに動かなくてはならない。コンタクトの瞬間には、コンスタントかつ正確にヒットできる位置、すなわちボールの上にいなければならない。とりわけ、左サイドの引きを生かせる位置にいなければならない。体を右に残してクラブをボールに投げつけるスウィングでは、よい結果は期待できない。

正しいストロークは、クラブ・ヘッドをプレー・ラインの内側からボールに接近させる。これを可能にする要素は、ダウンスウィングでの左への腰の移動、ひじが折れて右脇腹に密着した右腕、そして左サイドからの強力な引きに支配されるストロークのバックハンド的性格である。インパクトの瞬間に両手がクラブ・ヘッドと同じ線上かまたはそれより先にあり、左手が返ることなくボールを打ち抜くことを必然または避けがたくするのは、これらの要素である。

スライスの直接の原因は、クラブ・フェースがクラブが動いている軌道の右側を向いているうちにボールに当ってしまうことである。この現象が発生する条件は、クラブ・ヘッドが意図した飛球線に沿って正確に動いているけれども、クラブ・フェースが飛球線の右を向いているときか、クラブ・フェースは飛球線とスクエアだけれども、クラブ・ヘッドが飛球線とクロスしてプレーヤーの左側へ動いていることである。左手のグリップがゆるすぎてクラブが手のなかで回りでもしないかぎり、最初のケースのような条件が揃うことはめったにない。スライス傾向の矯正に当っては、問題はほとんど常にクラブ・ヘッドの動きの方向をいかに修正するかにある。

この点を修正しないで、鞭で打つときのようにクラブ・ヘッドを手より先行させようとすれば、さらに悪い結果を招くだけだ。クラブ・ヘッドを先行させるためにほかのすべてを止めようとすれば、左への腰の移動の完了が邪魔され、ストロークはアウトサイドからプレーのラインをクロスすることになるが、これこそまさに避けなくてはならないことである。

それよりはむしろスウィングをボールを通り抜ける飛球線の内側にとどめることに専念するほうが望ましい。トップから打ちおろすスウィングを型にはめることは可能だが、クラブ・ヘッドを飛球線の外側に動かすスウィングを型にはめることはできない。

体重が右足に残り、左への体重移動が完了しないとき、ストロークはすでに述べたように、アウトサイド・インになることを避けられない。このストロークの結果は、両手がクラブ・フェースに対してなにをするかによって違ってくる。ボールをヒットする前に右手が左手にかぶされば、ひどいフックかチョロになることを避けられない。右手が左手にかぶさらなければ、ボールがフェアウェイに残るかどうかは別として、大きく曲がるスライスになる。

健全なゴルフ・ストロークでは、インパクト時にプレーヤーの正面に立っている観察者の目に左手の甲が見える。この手が、クラブ・ヘッドを正確にプレーのラインに沿って導くために、インパクトの位置を通ってまっすぐに振り抜けることが重要である。コンタクト後かなり先へ行ってから右手が左手にかぶさり始めるのは、ヒッティングのあとでプレーヤーの筋肉がリラックスするため、そしてスウィングが飛球線に沿って進む動きの限界に達したためである。

スライスの治療法

スライス・ショットは、方向のミスはひとまずおくとしても、常に弱々しく、いつもボールをカット打ちするゴルファーはおよそ救いがないように見える。そういうゴルファーを助けるために、自分の欠点を認識してそれを矯正するのに役に立ちそうなヒントをいくつか述べることにしよう。

まず第一に、バックスウィングを点検して、無理のない範囲内でボールからできるだけ遠くまで腰を回しているかどうかを確かめること。その狙いは大きなバックスウィングをとって、スウィングが常に意図する飛球線の内側におさまるようにすることである。バックスウィングでの不充分な腰の回転は、クラブを腕と手だけで動かすために、クラブ・ヘッドによりアップライトなアークを押しつける傾向がある。

腰はバックスウィングの開始早々に回り始めるべきだし、右手がクラブを持ち上げるのを防ぐためにあらゆる努力をすべきである。トップ・オブ・スウィングでは、両手はほぼ右肩の上になければならない。それだけ体が回っていれば、少なくともボールをカット打ちせざるをえない姿勢は避けられたことになる。

それでもまだ問題が完全になくなったわけではない。この時点で二つのミスが頭をもたげるおそれがある。ひとつは正しくない体重の扱いから生じる。ここから先の正しい動きとは、ダウンスウィングをスタートさせる左への腰の回転または巻き戻しで、それによって右ひじが右脇におさまる道が開けて、ボールを後ろから叩けるようになる。この動きがなくて、体重が右足にかかったままだと、スウィングは必然的にアウトサイドに向かい、クラブはボールをカット打ちせざるをえない。

トップ・オブ・スウィングで多く見られるもうひとつのミスは、ヒッティングを急ぎすぎるあまり右手がクラブを支配してしまうときに生じる。多くのゴルファーは、両手でクラブを投げだすことによってダウンスウィングを始めるべきだと考えている。そういうゴルファーはクラブを投げすててもう一度最初からやりなおすべきである。なぜなら、このストロークは取りかえしがつかないほどこわれてしまっているからだ。

クラブ・ヘッドの軌道は左腕と左サイドによってコントロールされるべきだという考えは正しいけれども、右手と右腕をあまり出しゃばらせないために、右手と右腕がその間なにをすべきかを知ることが重要である。ビギナーにとって最もわかりにくい動きは、ダウンスウィング前半の右腕の動きである。そしてこの動きはボールをカット打ちする傾向ときわめて密接な関係がある。スウィングのこの部分の重要な特徴は、つぎのようなものとしてわたしの頭に浮かぶ。

第一に――トップ・オブ・スウィングで右ひじが上がりすぎてはならない。上腕部が地面と平行になるくらいがベスト・ポジションである。

第二に――ダウンスウィングでの右腕の最初の動きは、右ひじを体側に戻すことでなければならず、

第三に――クラブのシャフトと右前腕の間の角度は、ダウンスウィングの前半に変ってはならない。いいかえれば、右手首はダウンスウィングがかなり進行するまでコックの角度を変えてはならない。これを守ることによって右手が早く出しゃばりすぎ

るのを防げる。

常習的なスライサーが留意すべきことがいくつかある。一般論として、スウィングのなかにもっとのびのびとした動きを取り入れる必要がある。その動きがとくに必要な部分はウエストからヒップにかけてである。とりわけ、両腕がきちんと役目を果たせる姿勢をとるために、なによりも充分なボディ・ターンが必要である。

マジック・ライン

浮上の見込みがほとんどない〝推奨事項〟と〝禁止事項〟の海に沈みながらも、なんとか健全なスウィングを作ろうと必死に努力するゴルファーには同情せずにはいられない。ビギナーにとってゴルフがかくも謎にみちたゲームである最大の理由が、フォーム上の単純かつ基本的な必要を少ない言葉で表現する難しさにあることは疑いない。自分がなにをしたいかを正確に認識して始めることが可能ならば、ひとかどのゴルファーになるために頭脳と時間と猛練習をこのゲームに注ぎこもうとする人はたくさんいる。だが多くの場合、そこには知的な進歩を不可能にする思考の混乱がある。

われわれは単一の動きまたは一連の動きを選びだして、これが、またはこれらが基本であるということはできない。もしもひとつの基本原理が発見されるとすれば、それはもっと幅の広いもの、黒板に図を描いて示せるようなあらかじめ定められた手順というよりは、むしろ物の考え方、プレーヤーが自分の体ではなくクラブで達成すべきものでなければならない。

わたしはインサイド・アウトのヒッティング理論を自分が発明あるいは発見したとかいうつもりはない。その打ち方がよいゴルフにとって不可欠であるという考え方に、自分が賛成であるかどうかさえわからない。だが、練習と進歩の指針となる基本的概念を求めるダッファーにとっては、クラブ・ヘッドがボールの後ろで飛球線とクロスすることだけは絶対に避ける、という決心ほど役に立つものはないと信じている。そのラインをインパクト時にクロスするかインパクト後にクロスするかは、どんな種類のショットをしたいかで決まる。

下手なプレーヤーはほとんど例外なしに、アウトサイドからインサイドへ飛球線をクロスしてスウィングする。彼はクラブ・フェースがインパクト時にオープンになっているかクローズドになっているかによって、フッカーにもなればスライサーにもなる。下手なゴルファーで終始このマジック・ラインの内側にとどまる人はほとんどいないといってよい。

マジック・ラインの問題をつぎのように考えてみてはどうだろう。スウィングには注意すべき二点、方向を間違った動きが避けがたくマジック・ラインをクロスする場所が二つある。ひとつはクラブがボールからはなれて後ろへ動き始めた瞬間であり、もうひとつはクラブがバックスウィングのトップから下へおり始めたときである。このことを念頭においてバックスウィングとダウンスウィングのスタートを練習すれば、すぐに正しい軌道でスウィングすることを覚えられると思う。

バックスウィングのスタートで、クラブをアウトサイドに投げださせる要素がひとつだけある。それは右手である。プレーヤーが両手首を折ることによってバックスウィングを開始すれば、右手と右手首がクラブを持ち上げて肩の上まで持ってゆくことはほとんど避けられない。

バックスウィングの正しいスタートは、ボディ全体の回転、背骨を軸として腰と肩を回転させ、同時に左ひざを曲げて左かかとを地面から浮かすことによっておこなわれる。わたしは左足から〝テークオフ〟し、体重を左足の内側へ移動させることによって、バックスウィングをスタートさせるのが最上の方法だと思う。両腕は少し動いてもよいが、許容範囲は体の前数インチにすぎない。両手は――まっすぐ右へ動きながら――飛球線に沿ってクラブをボールから引きはなし、続いてインサイドにターンする。

このターンとスウィングは自然に連続して、両手が充分に上がり、クラブが首筋の上で目標の数ヤード右を指すという、トップ・オブ・スウィングでの正しいポジションに達する。

これが二つ目の重要ポイントである。クラブをマジック・ラインの外側へ投げだす動きが少なくとも二つ、ここで起こりうる。バックスウィングで腰を動かさずに、ボディ・ターンだけでスタートするのは、その動きが両手をボール側へ引っぱり、クラブ・ヘッドがプレーヤーの背後へ動く原因となるので致命的である。その結果まずアウトサイドへスウィングし、続いてインサイドへスウィングしてボールをカット打ちすることが容易なだけでなく避けがたくもある。しばしば耳にする教えだが、ここで手首を使ってクラブを鞭のように振りおろしても同じことが起きる。

クラブを飛球線の内側でスウィングするためにバックスウィングのトップでしなければならないことが三つある。まず腰がプレーのラインに沿ってごくわずかに、しかし確実に、すばやく正面へシフトされなければならない。つぎに右ひじが体側に戻らなければならない。そして最後に両手が、手首をのばすことなしに、数インチ右下へ動くか下がらなければならない。こうしてスタートすればあとはいたって簡単である。

インパクト時のブローの方向は、ドローまたはフックを打とうとするのでなければ、インサイド・アウトであるべきだとは思わない。ストレート・ショットを打つためには、クラブは飛球線に沿って進むべきである。しかし常にアウトサイドからボールをカット打ちすることに比べたら、どんなことでもましである。フェードかスライスを打つために意図的にカット打ちをしなければならないこともあるが、それが習慣になってしまっては救いがない。

スライスまたはフックの〝調教〟

一緒にプレーする機会の多いゴルファーのグループのなかには、かならずといってよいほど、ショットはよくないのにスコアがよいことで評判のゴルファーが一人はいるだろう。これがけなし言葉かほめ言葉かは見方によって違うが、ふつうその手のゴルファーは、毎回スライスやフックを打つ見るからに下手くそなプレーヤーなのに、ボールの曲がりを最初から計算に入れているので、決してフェアウェイをはずさない。だれしも彼をひとかどのゴルファーと考えるほど愚かではないが、いつも同じミスをする一貫性のおかげで、ときに驚くほどよいスコアが出る。

　フックまたはスライスする傾向をラウンド中に修正しようとしたことは一度もない、といったのはたしかマクドナルド・スミスである。曲がりが〝調教されて《エデュケーテッド》〟いるゴルファーは、その言葉を聞いて心強く思うかもしれないが、実際にはなんの慰めにもならないはずである。上級者が日によって、ストレート・ショットよりもフェードまたはドローでピンを狙うことにより自信が持てるのは決して珍しいことではない。そういう日には、マックス・スミスもいっているように、わざわざ自信のないショットをするのは賢明ではない。しかし下手なゴルファーのボールはフックまたはスライスする。彼が計算に入れなければならない曲がりは、ドローまたはフェードと呼べるようななまやさしいものではない。

マックス・スミスがこのようなショットをしたときは、それがどうして起きたかを知っていたし、いつそれが起きるかを予想できた。ボールがどれくらい曲がるかを、人間業とは思えないほど正確に予想できた。しかし下手なゴルファーがフックやスライスを計算できるのは、それまでいつもフックやスライスを打ってきたからにすぎない。彼は曲がる原因を知らないし、その防ぎ方も知らない。とりわけ、どれだけ曲がるかはおろか、そもそも曲がるかどうかさえ予想できない。

大きなスライスを予想してフェアウェイの左サイドぎりぎりを狙ったゴルファーが、同じくらい大きなフックを打ってしまうことがよくある。飛ばないゴルファーが決定的に有利なのはこの点だけである——距離が出なければ曲がりも少ない。

すぐれたゴルファーのなかには、どのショットでもフェードまたはドローを打ちたがる者が大勢いる。J・ダグラス・エドガーがその一人で、彼がその気になればゴルフ・ボールで奇蹟を演じることができた。彼が一九一九年のカナディアン・オープンの最終ラウンドで66を出すのを見たが、そのときは18ホールを通じてただの一度もストレート・ショットを打たなかったと思う。あらゆるショットを右または左から戻し、フェンスでも木でも、とにかく手近にある物ならなんでもその上を越えて打った。最悪のトラブルを選んでそれに向かってまっすぐボールを打ちだし、やがて糸で操るかのようにフェアウェイに戻した。

しかしエドガーほどの名手でも、いつもこういうプレーができるとは限らない。そのためにはある種のインスピレーションを必要とした。それ以外のあまり調子のよくないラウンドでは、ひどいスコアを出すこともあった。

だからスライスやフックをなおそうとせずに、いつも曲がりを計算してプレーするゴルファーは、結局多くを望めない。コンスタントにボールが曲がる日にはある程度うまくいくかもしれないし、分不相応のよいスコアさえ望めるかもしれない。しかし、彼は意識的にボールを曲げられるほど自分のスウィングをコントロールできない。たまたまストレート・ボールが出たり、計算とは逆の方向に曲がったりすれば、狙ったフェアウェイにボールを戻すのに苦労することになる。

プル・ショット

プル・ショットとは右にも左にも目に見えるほど曲がらずにまっすぐに飛ぶが、意図したラインよりも左へ行ってしまうショットのことである。フックとはどんなラインで飛びだしてもやがて左に曲がるショットのことである。もちろんクラブ・フェースの向きとインパクト時のその進行方向は、プル・ショットとフックでは同じではない。

プル・ショット、すなわち目標より左へ向かってまっすぐ飛ぶショットは、クラブ・フェースが動きの方向に対してほぼスクエアだが、インパクト時にプレーのラインをアウトサイド・インにクロスして動くときに生じる。一方フックは、クラブがインパクト時にそのラインより左を向いているときに生じる。クラブとボールが接触している時間はそれこそ何分の一秒かにすぎないから、インパクト後のスウィングの延長線や接している時間は無視してよい。

ふつうショットがよくて70台後半で回るプレーヤー、とりわけドライバー・ショットの上手なプレーヤーは、インサイド・アウトの概念を過大評価して、アウトサイドへボールをヒットしすぎることでフックを打っているのではないかと思われるかもしれない。

しかしフックに同じくらいプル・ショットがまじっているという事実は、ミス・ショットの原因がインサイド・アウト・スウィングではないことを意味している。フックはクラブがプレーのラインを内外どちら側からクロスしても、あるいは正確にラインに沿ってスウィングしたときでさえ生じるが、プル・ショットはクラブがインサイド・アウトにラインをクロスするときには絶対に生じない。

プル・ショットの原因は、ほんの一瞬長く右足に体重を残しすぎることにある。このミスによってダウンスウィングが正しい軌道の外側に投げだされ、ヒッティングがラインをクロスしてインサイドに、あるいは目標の左側に向かっておこなわれることになる。明らかにクラブ・フェースはボールとミートするまでにふたたび完全にクローズドになっていたはずで、その結果ボールはクラブの進行方向へストレートに飛ぶことになる。それがさらにクローズドになるとフックが出るし、それ以上閉じれば完全なチョロになってしまう。

わたしはダウンスウィングの初めに体重をもう少し早く右足から左足にシフトすることを、というよりもむしろ腰の巻き戻しの最初の動きをまっすぐ目標に向かってのシフトから始めることをすすめたい。

ここで、バックスウィングを完了させるために体側から引きはなされていた右ひじは、スウィング・アークをプレーのラインの内側に保つために右脇腹に戻らなければならない。左サイドからの強い引きを発揮して、まっすぐボールを打ち抜くまでそれを続けること。わずか下に向かってボールをヒットし、目標に向かってまっすぐ振り抜くスウィングをイメージすべし。

上級者のフック病

比較的よいスウィングの持主がフック病に悩まされたときは、まず第一にボールをアッパーブローでヒットしていないかどうか、いいかえれば、クラブがスウィング・アークの最下点を通過したあとでボールを打っていないかどうかを疑ってみる必要がある。フックは上手なプレーヤーにつきものの欠点であるとはいえ、上手なゴルファーをこれほど頼りなく見せるもの、あるいは頼りない気分にさせるものはほかにない。そしてほとんどの場合、他人に指摘されなければ自分のやっていることがわからない。

下手なゴルファーはまだスウィングをプレー・ラインの内側に保つことができていないので、フックに悩まされることはめったにない。クラブをこのラインの外側にテークバックし、ほとんどの場合ボールを外側からカット打ちする。彼は十中八九スライサーであり、ボールが左に飛ぶときはほとんどがプル・ショットかひどいチョロである。充分高く上がるけれども鋭く左へ曲がるショットは、アッパーブローでヒットされたショットである。

このスウィングによるフックの直接の原因は、体の左サイドがボールを通過して先へ進まないことである。この場合の連続動作はまず左腰を固定して回転を止める左脚

のつっぱりで始まる。つぎに腰が左腕の邪魔をするので、スウィングを完了するため
に左腕がたたまれる。極端な場合には、プレーヤーはボールをヒットするときに体が
右足の上に押し戻されるように感じるかもしれず、そうなるとボールをアッパーブロ
ーにヒットするしかなくなる。

注意しなければならないのは、明らかに左腰、左腕、そしてリストのコックである。
第一に、ボディの巻き戻しが左サイドにリードされ、腰の回転が早く止まりすぎない
よう注意すること。第二に、クラブがボールを通過して安全圏に達するまで左腕がゆ
るんだり折りたたまれたりしないように注意すること。第三に、ダウンスウィングで
リスト・コックを早くほどきすぎて、その効果が消えてしまわないように注意するこ
と。ティー・ショットから最大距離を引きだそうとするときはダウンブローで打つべ
きではないが、破壊的なフックを矯正しようとするときは、ボールをフェアウェイに
おくためにダウンブローで打つのがベストである。

おそらくプレーヤーにとってとうてい信じがたいのは、ゆっくりスウィングすると、
この欠点が矯正されるどころか逆にますます悪化することだろう。ゆっくりスウィン
グし始めたとたんに、腰の回転が早く止まりすぎ、左腕は完全に折りたたまれてしま
う。するとコースでのボールの舵取りに苦労することになる。逆に必要なのは、強く
ヒットすること、強引にスウィングすることで腰を回転させ、左腕が振り抜けること

である。

フェードかドローか

ジョージ・トレヴァーは、卓越したイギリス人プロ、ヘンリー・コットンの意見だとして、イギリスとアメリカのゴルフ・メソッドの本質的な相違点を書きとめている。コットンが指摘した相違は、イギリス人はアメリカ人の好むインサイド・アウトのスウィング・アークよりもアウトサイド・インのアークを好み、それゆえにあらゆるショットでアメリカ人のドローとは逆にフェードを打つ、というものだった。英米両国で一般的なプレーのスタイルに基本的な相違があるとすれば、わたしもコットンの指摘は正しいと思う。

しかしわたしの考えでは、その相違点は好みの違いでしかない。もちろん両国のトップ・プレーヤーたちはフェードとドローを意のままに打ち分け、しかもどちらのボールもほぼ同じくらい充分にコントロールすることができる。コットンが前述の意見を述べたとき、一方のプレーヤーたちに相手方の好むショットを打つ能力が欠けている、といおうとしたはずはない。彼がいわんとしたのは、ティーからのショットと、どちらから乗せるのが有利とはいえないプレーヤーの正面にあるグリーンへのアプローチ・ショットでは、イギリス人は左から右に曲がるショットを選び、アメリカ人は右から左へ曲がるショットを選ぶ、ということだったに違いない。その点はわたしも同感である。

わたしはこの現象にはハリー・ヴァードンとJ・H・テイラーの影響が見られると思う。しかしヴァードンはアップライト・スウィンガーであり、アップライト・スウィンガーにとっては左から右に曲がるショットのほうがより自然で、したがってより容易である。わたしが世に出たころ、ヴァードンの二度目の訪米から間もなく、フェード・ショットはコントロールが容易だという理由で、短命ではあったが大いに人気があった。たしかにティー・ショットの距離は出ないけれども、着地してからの止まりが早く、したがってフェアウェイやグリーンから転がってトラブルに陥る危険が少ないといわれた。

逆にアメリカでは、われわれは草創期のゴルフを、程度の差こそあれフラット・スウィングの持主だったスコットランド人たちから学んだが、彼らはヴァードンのようにスウィングすることを教えなかった。やがてこの名手の影響がアメリカにも及び始めたときでも、新しい世代がせいぜいある種の妥協をおこなった程度だった。

わたしはアメリカ人のドロー・ボールのほうが、ゴルフ・ボールを打つ方法としてより効果的であるというコットンの意見は正しいと思う。落ちぎわに左に曲がるいわゆるテイル・エンド・フックは――これは実際にはフックではなく、たんなる捻れである――ほとんど常にドライバー・ショットの距離を何ヤードものばすし、少なくともわたしの場合はグリーンへの突き刺さるような長いアイアン・ショットを打つときに、より満足すべき結果を出してくれた。さらにもうひとつ、ドロー・ボールを使いこなせると、ゴルフにおける最も厄介な問題のひとつ――フェアウェイの左サイドからの強い横風――を克服するうえでほかのなによりも役に立つ。

シャンクは精神的なもの

シャンクはゴルフの最もありふれたミス・ショットとはいえないが、疑いもなくシャンク病が疑われるプレーヤーを失意のどん底に突きおとす悪影響がある。しかもいったんこの病気にとりつかれると、それを避けようとすればするほどますます癖になってしまうようだ。シャンクを恐れるあまり、スウィングが縮こまってしまうためにシャンクが起きる。このようにシャンクという病気は自己増殖をくりかえして悪化する。シャンクを経験したことがないゴルファーに、この先は読まないほうがよいと忠告するのはそのためである。シャンクはなおすべきものであって、防ぐことを考えるべきものではない。

わたし自身は生涯に一度もシャンクを打ったことがないが、それをやらなければわたしが存在する意味がないから、シャンクの原因と考えられるものとその療法について考察してみた。その結果まことに喜ばしいことに、南部でも有数のある婦人ゴルファーに人を介して伝えられたわたしのごく単純なヒントに、聡明な彼女が耳をかしたところ、シャンクがぴたりと止まって、たちまち自信を取り戻すことができた。残念ながらこの療法はだれにでもすぐに効果を発揮するわけではないが、だからといって療法自体が悪いわけではない。

通常シャンクはまず短いショットに現われる。その種のショットで一般的に見られる傾向は手首の固さである。しかしどんなショットに現われるにしても、原因は常に同じで、バックスウィングでリストをコックしないか、ダウンスウィングでコックを充分に保ち続けないためにそれは起きる。最もシャンクの出やすいプレーヤーは、手と手首の動きを最小限に抑えた短いバックスウィングしかしないプレーヤーである。そういうスウィングでは、クラブがヒッティング・ポイントに達したとき、プレーヤーはクラブ・ヘッドを加速させる手段が欠けていると感じる。そこで肩と腕の力で補おうとして、急いでクラブのソケットをボールのほうへ押しだす。もちろんその療法は、バックスウィングでリストを充分にコックし、ダウンスウィングの前半でその角度の大部分を保ち続けることである。

シャンク病にとりつかれたゴルファー以上に悲惨なゴルファーを見つけるのは難しいだろう。もちろんアイアン・ショットのシャンクは破滅的である。そしてスウィングするたびにシャンクが出るのではないかという不安が、リラックスしてスムーズに動かなければならない筋肉そのものを緊張させる。自分が信用できず、クラブをのびのびとスウィングできなくなると、気の毒な犠牲者はクラブを手で強く押すようになり、その結果避けようとしている悲惨な結果をみずから招くことになる。

わたしは、一度は州チャンピオンになり、一度は決勝まで進んだ優秀なプレーヤーが、その決勝戦のワン・ラウンドでアイアン・ショットを十回もシャンクするのを見たことがある。また、信じてもらえないかもしれないが、かつてある年の全英オープンで、ある選手がワン・ラウンドで二度もパットをシャンクするのを見たこともある。イギリスの偉大なプロ、J・H・テイラーが、シャンクが止まらないために一年以上もゴルフをしなかったという話も聞いている。これらの例が示しているのは、シャンクの大部分は精神的なものだということである。いったんそれにとりつかれたら止めるのは至難の業である。しかし手とリストを正しく、のびのびと使う人はあまり心配する必要はない。

第十章 リカバリー・ショット

リカバリー・ショット

アベレージ・ゴルファーは常に緊張と戦わなくてはならない。まったく不安を感じないことも、必要なショットをおこなう能力に絶対自信を持てることも決してないだろう。この不安感が彼を緊張させる。そして通常のショットをある程度リラックスしておこなえるようになったあとでも、めったにない難しい状況に直面すると必要以上に不安に駆られる。

このことはとくにリカバリー・ショット――バンカーや深いラフからの――についていえるし、たった一度のミス・ショットで不当に大きな損失をこうむるのはこの不安によるところが大きい。95から100の間で回るゴルファーは、彼の限られた能力でも本来もっと上手にリカバーできるはずのことができないために、たいていワン・ラウンドで10ストローク前後を無駄にしているといっても過言ではないだろう。緊張と不安と恐怖心は、法外に大きな損失を招く。

ボールがバンカーや深いラフに入ったときの緊張のせいで、バックスウィングがかなり小さくなる。そしてほとんどのプレーヤーは、ボールをバンカーやラフから出すためには余分な力が必要だと考える。そのため短い、性急な、タイミングの悪いストロークをおこない、その不正確さゆえに失敗する。ピンそばへのすばらしいリカバリー・ショットは望めないにしても、条件さえみたされれば十回のうち九回はだれでもリカバリー・ショットのほどほどの成功に手が届く。バンカーまたはラフからの失敗の大部分はトップ・ショットであり、それは緊張でストロークが狂ってしまうからである。

わたしは前にバンカーで高望みをしすぎるのはよくないと述べた。ラフからのショットにも同じことがいえる。どんなミス・ショットでも、それをすぐに取りかえそうとする誘惑に抵抗するのは難しい。ロング・ショットをするとき、アベレージ・ゴルファーはみな例外なしに安全ではないとわかっているクラブで一か八かの賭をする。ラフからのショットで大事なのは、ボールをすばやく上げて確実に脱出できるクラブを選ぶことである。その結果グリーンに届かなくても、打ち終ったあともまだラフのなかにいるよりは少しくらいショートするほうがどれほどましかわからない。

ラフからショットしたボールが、芝が濡れていないかぎり、異常なまでによく転がる現象は、いつも説明がつくとはかぎらない。乾いた固い地面では、フェアウェイからのふつうのショットなら二番アイアンか一番アイアンが必要な距離なのに、ラフからだと五番アイアンか四番アイアンで充分な例を見たことがある——しかもラフから脱出できることが確実だった。

バンカー・ショットのメンタル面

練習不足はどんなショットでも望ましくないが、最も大きな差が出るのはグリーンまわりのプレーである。長くプレーを休んでいたあとで、完全なリラクゼーションが必要だが、デリカシーはほとんど必要としないロング・ショットがかなり改善されていることがよくある。しかしホールに近づいて、デリケートなタッチとコントロールが必要になるにつれて、長い間クラブを握っていない人間は間違いなくつけを払わされる。アイアンのフル・ショットを大きなグリーンに乗せるのに必要な正確さと、10フィートのパットをカップに沈めるのに必要な正確さには大きな違いがある。

一九二九年のウィングド・フットで、わたしがいちばん苦労したのはグリーンまわりのバンカー・ショットだった。砂の重さと細かさはコースによってみな違うし、ほとんどのバンカー・ショットはボールの止まるグリーン面の性質によって左右されるから、バンカー・プレーの微妙さはコースごとにみな違う。いいかえれば、ストロークの基本はみな同じだが、ショットの成功はひとえに砂の抵抗力を正確に計算できるか否かにかかっている。

その年はほとんど全員がウィングド・フットのバンカーで苦労した。軽いふわふわした砂から自信を持ってショットできる者はきわめて少なかった。その数少ないなかの一人がハリー・クーパーで、彼はほかのだれもがわざわざしなかったことをしていた――毎日のラウンド前に十分間、このクラブのもうひとつのコースの十八番ホール正面にある大きなバンカーでショットを練習していたのだった。

そのあとコースに出たとき、望ましい距離を出すにはボールの後ろの砂をどれくらい取ればよいかという判断が彼には易しかった。われわれほかの出場者も、彼を見習っていればもっとよい結果が出せただろう。

グリーンまわりのバンカーからうまくリカバーする能力に不安があると、ゲーム全体にどんな悪影響があるかということは、いくら誇張しても誇張しすぎることはない。ハザードの大きな意義はミス・ショットをつかまえることではなく、臆病なプレーヤーのミスを誘う点にある。ペナルティとしての意義よりも心理的な意義のほうが大きい。ミスをしたらリカバーする力がないことを自覚しているプレーヤーの心理的動揺は測りしれない。どんなプレーヤーでもこの感情を知っている。そして彼はまた、常にホールからまずまずの距離にバンカー・ショットを近づける自信があればどれほど心強いかも知っている。その自信があれば、先のことを心配せずにセカンド・ショットをしっかり打つだろう。万一セカンド・ショットがバンカーにつかまったとしても、パーをセーブする可能性が五分五分ならば危険を冒してよいと考えるだろう。

バンカー脱出のテクニック

わたしはかねてから、一九〇八年の全米オープンの勝者フレディ・マクラウドこそ、史上最もめざましいバンカー・プレーヤーだと思っている。しかしフレディとわたしは、彼がいつもおこなっているショットの信頼性について、何年もの間穏やかな議論を続けてきた。わたしはフレディがそのショットで奇蹟を演じることができると認めるのにやぶさかでないが、彼はアベレージ・ゴルファーが同じショットを試みれば、自分のスコアだけでなく仲間の生命までも危険にさらしかねないという意見には同意しなかった。

グリーンに近い砂のなかのクリーンなライからプレーするとき、フレディはニブリックのフェースを大きく寝かせて、のびのびとスウィングする。クラブはボールの下の砂をごく薄くしか取らないので、ショットのスピン量がとてつもなく多くなる。ボールはたいていホールを過ぎたところに落ちてバックスピンで戻り、しばしばホールのすぐそばに止まる。

しかしアベレージ・ゴルファーはボールがバンカーに入ったとき、一打でバンカーから脱出することを第一目標にすべきである。フレディ・マクラウドがバンカー・ショットをおこなうときのようなきびしい条件をみたすことは、彼には期待できない。ボールの下の砂をごく薄く取るかわりに、まず第一に、クラブをボールが上がるくらい充分に下に入れてやること、第二に、ボールが確実にバンカーから飛び出すくらい強くヒットすることを心がけなくてはならない。

クラブ・フェースを充分に寝かせることは貴重な保険になる。そうすれば、砂を薄く取ってもボールがグリーン外まで飛ばないことがわかっているので、より強くヒットすることができる。しかし砂の強い爆発力が急角度のピッチを生みだすので、それは高くてもスピンのかからないロブになり、落ちてからランが出る。ボールとクラブ・フェースの間の厚い砂のクッションが、バックスピンの可能性を殺してしまう。

バンカー・ショットが上手な多くのプレーヤーは、わたしが軽減されたエクスプロージョンまたはコントロールされたエクスプロージョンと呼ぶ方法を用いている。バックスウィングはどちらかといえば大きいが、クラブはボールの後ろの砂に打ちこむだけである。砂のクッションは比較的薄く、ショットにはある程度バックスピンがかかる。これはマクラウドのショットほど危険ではないが、それでも毎回成功させるためには砂とヘッド・スピードの的確な判断が必要である。このショットやほかのショットが有効だからといっても、フル・エクスプロージョンがバンカーから脱出する最も安全な方法である事実に変りはない。

フレッド・マクラウドはもうひとつわたしが感心したショットもおこなっていた。ある日セント・アンズで一緒に練習ラウンドをしたとき、彼のボールがグリーンまで50から60ヤードのバンカーの靴のかかと跡に入っていた。彼以外の人間ならだれしもロフトのあるクラブでボールの背中を鋭くヒットすることを考えたと思う。だがフレディは五番アイアンで文句なしのエクスプロージョン・ショットをした。バンカーの壁は高くなかった。ボールはバンカーから出てかなり転がり、ちゃんとグリーン上に止まった。

バンカーを含むあらゆるトラブルからのリカバリー・ショットの達人になるためには、高度に発達したクラブ・コントロールの感覚に加えて、ある程度の創意工夫の才がなければならない。トラブル・ショットの多くはゴルフ・ショットではなく、おそらくそれまで一度も試みたことがないクラブ操作をおこなう行為である。自分の道具を使いこなすことができて、インスピレーションのひらめきがあるプレーヤーは、しばしば奇蹟を起こすことができる。

昔トミー・アーマーに、きみの生涯最高のショットはどれだと思うかときかれたことがある。「その結果が大きくものをいったショットだよ」と、彼はつけくわえた。わたしはすかさず一九二六年の全英オープンで、アル・ワトラスに僅差で勝つことを可能にした十七番ホールのバンカー・ショットを挙げた。それはほかのバンカー群や砂丘を越えて行く約175ヤードのショットだった。ボールのライはクリーンで、同じ距離のブラインド・ショットと比べてとくに難しいショットではなかった。しかし、アイアンのブレードがボールに当る前にごくわずか砂を噛んでも結果は大きく違ってくるだけに、スリル満点のショットでもあった。

「わたしもそれを挙げるだろうと思っていたよ」と、トミーはいった。「実はヘーゲンにも同じ質問をしたところ、彼もバンカー・ショットを挙げた。サンドウィッチの十五番のクロス・バンカーからのショットだ」。わたし自身そのバンカーに何度も入れたことがあるのでよく覚えていたし、ウォルター・ヘーゲンのショットも実際に見たわけではないがよく知っていた。

ヘーゲンが最終ラウンドでセカンド・ショットをそのバンカーに入れたとき、すでに提出された最少スコアを下回って優勝するためには、そのホールを5で上がって、残る三ホールをパーで上がらなければならなかった。ボールはバンカー中央のクリーンなライにあり、グリーン中央のピンまでの距離はおよそ30ヤードだった。しかしそのバンカーは手強かった。さほど大きくもないし、とてつもなく深くもなかったが、グリーン側のエッジがオーバーハングしていて、その下に近いボールは簡単には出そうもなかった。

ヘーゲンにはエクスプロージョンで安全に出して5で上がり、残り三ホールをパーですますか、危険を承知で4を狙い、一打の余裕を持って残り三ホールに臨むかの選択があった。彼は細心の注意を払ってボールのライを調べ、少なくとも二度クラブをとりかえたうえで、考えられるかぎり最も完璧なチップ・ショットをやってのけた。ボールはホールから1フィートのところに止まり、彼はそれを沈めてパーで上がり、優勝を手に入れた。

それは大きな賭であり、彼ほどの技術も自信も持ちあわせないプレーヤーにとっては自殺行為に等しかっただろう。クラブがほんのわずかボールの後ろの砂を噛んだだけでも、つぎのショットをオーバーハングした土手の下からプレーしなければならないおそれがあったし、そうなれば4はおろか6ですますことさえ難しかっただろう。ヘーゲンもそれを考えたが、成功する可能性はあるし、それで一打セーブできるなら危険を冒す価値はあると判断した。一打の余裕があるとわかっていれば、残り三ホールのパーもぐっと易しくなるだろう。結果的には、彼はこのホールでどうしても4が必要だった。なぜなら、この日すばらしいラウンドをして彼よりもあとで上がったジョージ・ダンカンが、もしもボギーにした最終ホールをパーで上がっていれば、彼とタイになるところだったからである。

ヘーゲンの場合のような、バンカーのなかのクリーンなライからの短いショットは、あらゆるゴルフ・ショットのなかで最も危険である。わたしの場合のようなロング・

ショットはさほど難しくない。肝心なのはフェアウェイからのショットと同じようにダウンブローで打つことだし、多少ダフったとしても充分強く打っているから少なくともバンカーからは脱出できる。しかしデリケートなストロークは、失敗すれば百パーセント失敗であり、そのうえボールがほとんど脱出不可能なバンカーの壁にくっついてしまうことが多い。つまり失敗した場合のつけは一打ではすまないのである。

アベレージ・ゴルファーはグリーンまわりのバンカーでクリーンなライに恵まれないことを望むべきである。ライがよいと誘惑が大きすぎるからである。むしろボールが少し砂にもぐっているくらいのほうが望ましい。そうすれば意志の力で誘惑に勝ったからではなく、必要に迫られて、ロフトのあるクラブを選んでエクスプロージョンでバンカーから脱出することになるからである。

ラフからの脱出

アベレージ・ゴルファーは、ボールがくぼんだライや深いラフのなかにあって、まわりを厳重にガードされたグリーンへ150ヤードくらいのショットをするとき、どんなショットをすればよいか途方に暮れてしまう。まず最初に頭に浮かぶのは、ボールのライのせいで、つまりスクエアにヒットできるほどボールが浮いていないので、予定した飛距離が出ないだろうという考えである。その考えが頭にあるので、飛距離の減った分を埋めあわせるために、ボールがよいライにあるときに使うクラブよりも大きなクラブを選んでショットする。

ふつう、ゴルファーの技量いかんにかかわらず、アイアン・クラブから目いっぱいの距離を引きだそうとするのは危険だが、今述べたような状況でだけはその打ち方が必要である。それにはいくつもの理由があるが、練習場で学ぶショットを少し変えたり、小さな工夫で補ったりする必要があるトラブル・ショットをおこなおうとするプレーヤーは、そのすべてを理解していなければならない。

ボールが深いラフのなかか小さな穴またはくぼみにあるときは、クラブを鋭角に振りおろす必要がある――つまり避難所に逃げこんだボールを文字通り掘り出すわけである。この必要がクラブのロフトを殺す――つまり五番アイアンが実際は四番になり、四番がふつうのライからの三番アイアンになるまで、フェースがかぶさるか閉じるかしてしまう。

さて、今度はボールをヒットするときにどんな現象が起きるかを見てみよう。ボールはそれを掘り出すのに強い力が必要だと思われる状態にあり、プレーヤーは、意図的にかどうかは別にして、ふだんよりはかなり強く打つことになる。先ほど述べたクラブのロフトの減少を帳消しにするために、ハーフ・ショットまたはコントロール・

ショットをする可能性は、理論的にも実際にもありえない。

これで必要な距離が稼げるが、もうひとつ、よりロフトの大きなクラブを使うことが望ましい理由がある。

クラブとボールの間に入りこんだ草のクッションが、スピンを生むのに必要なクリーン・コンタクトを妨げるために、深いラフからはバックスピン・ショットが打てないことをだれもが知っている。だからほどほどの距離または計算できる範囲内にボールを止めるためには、ショットの高さに頼るしかなく、四番よりロフトの少ないクラブではそういうショットを打つことができない。もしも四番アイアンで必要な距離を出せない場合は、十中八九より大きなクラブで冒険するよりは安全策をとるほうが賢明である。

驚くべきことに、ラフからロフトのあるクラブで打ったときにしばしば思いがけない距離が出ることがある。わたしは自分だけでなくほかのだれもが驚いたあるショットを覚えている。それはウィングド・フットでの、プレーオフの十二番でのショットだった。わたしはドライバー・ショットを引っかけて、小山の後ろのグリーンが見えない場所に打ってしまった。グリーンの左手前には大きなバンカーがあって、グリーンの約半分をガードしていた。ホールの長さはおよそ470ヤードで、わたしのドライバーはせいぜい230ヤードしか飛んでいなかった。したがって、二打でグリーンをとらえる望みは皆無だと判断した。

わたしはボールを小山越しに打ってグリーンの花道まで運ぶつもりで、四番アイアンを選んでフェアウェイの端に立っている大木の左を狙ってショットした。ところがグリーンにたどりついてみると、ボールはグリーン・エッジから1フィート足らずのところにあった。四番アイアンのショットは、長い草のおかげでとてつもなくランが出て、少なくとも230ヤードは飛んでいた。もしもこれがフェアウェイからのショットだったら、同じ距離を稼ぐのには少なくとも三番ウッドが必要だったと思う。

そんなわけで芝にもぐったボールやラフのボールをプレーするときは、大きなクラブを使うのではなく、鋭角に強打しても飛びすぎないように、もっとロフトのあるクラブで打つのがベストである。こういう切迫した状況では、ふつうの場合ならすすめられないくらいクラブを強く振る必要がある。

ダウンヒル・ライとアップヒル・ライ

ダウンヒル・ライまたはアップヒル・ライからのショットで最も難しいのは、ウェート・シフトに対するスロープの影響にどう抵抗するかということである。どちらのショットでも意図したストロークを成功させるためには、プレーヤーは重力に反して動くか、引力に抵抗しなければならない。ダウンヒル・ライ、すなわち左下が《ハンキング》りのライ（右利きの場合）からのショットでは、ボールの後方に体重を残すこと、バックスウィングでウェートが左に移動しがちなスロープの影響に抵抗することがとても難しい。逆にアップヒルのライでは、ヒッティングのときに体重が右足にかかってしまって、上向きにボールを打つ傾向がある。どちらのショットも正しくおこなうためには、プレーヤーはスロープに逆らって体重を残すことを学ばなくてはならない。

　わたしはアドレスでのボールの位置を右や左にずらす方法が有効だとは思わない。最善の方法は、姿勢にまったく無理がない形でスタンスをとり、アドレスすることである。わたしがこのようなライからロフトのあるクラブでプレーするとき、ボールとの関連で足の位置をわずかでも意識的に変えることはごくまれにしかないし、そのまれなケースも楽にボールを打つための譲歩である。

　ダウンヒル・ライからのショットでは、クリーンに打って高く上げるのは不可能なことを頭に入れておかなくてはならない。ボールをアッパーブローに打てるように、ボールの下にクラブを入れてやることは不可能である。

　もしもロフトの少ないウッド・クラブでボールを上げなければならないとしたら、ダウンブローに打ちこんで、スピードとスピンでボールを上げる必要がある。明らかにこれはゴルフ・ショットのなかで最も難しいもののひとつであり、強くかつ正確にヒットする能力を欠くプレーヤーは、よりロフトの大きなクラブを選ぶほうが無難だが、その場合でも、ストロークのメカニズムは同じであることを忘れてはならない。

バックスウィングでは体重を右に残し、ダウンスウィングを始めるときにはリスト・コックを保ち続けなくてはならない。ショットはダウンブローでなければならず、その成功はいかにタイミングよく傾斜なりに体を動かすかによって決まる。極端な場合には、スロープに沿ってダウンブローに打った結果、そのはずみでプレーヤーはバランスを保つために一、二歩ストロークの方向に踏み出さなければならない。

この動きのタイミングをつかむのはかならずしも容易ではないが、それ以上のよい方法はない。

アップヒル・ライは一見易しいし、大部分のプレーヤーがそれを好むが、結果は驚くほどトップ・ショットが多くなる。それが必要なことを知っていて、なおかつ断固としてそれを実行しようと決意したとき、プレーヤーは初めて右足にかかった体重をスロープに沿って左へ移動させることができる。ほとんどの場合、右脚に体重を残して、アッパーブローにボールを打つかアウトサイドからインサイドへカット打ちすることになる。

このような平坦でないライからの失敗を防ぐためには、その状況から生じやすい傾向を知っておくと大いに役に立つ。プレーヤーはクラブ・フェースがボールに当るときに、それをどのように動かしたいかというイメージを、鮮明に頭に浮かべる必要がある。ダウンヒル・ライからダウンブローに打つと、オープンになったクラブ・フェースでカット打ちするために、ほとんどすべてのプレーヤーがスライスを打つ傾向がある。アップヒル・ライからのショットは、クラブ・フェースがクローズドになりやすいためにプル・ショットになる傾向がある。

どちらの場合にも、ホールに向かってまっすぐにクラブを振り抜く努力が大いに役に立つ。

向い風のショット

おそらくあらゆるゴルフ・ショットのなかで、距離が重要な向い風のショットほどアベレージ・ゴルファーを悩ますショットはないだろう。ゴルフ・コースで出会う可能性があるあらゆるハザードのなかでも、風は気持ちを動揺させるので、ゴルファー十人のうちの九人にとって大敵である。未熟なプレーヤーが強風に向かったときに平穏な精神状態を保つことは不可能だし、また保てないのも無理はない。

強い向い風のなかでごく自然にやってしまうことが二つある。ひとつは風に負けた距離を埋めあわせるために力んでショットすること、もうひとつは風の影響を避けるために低いボールを打とうとすることである。最初の力みすぎるショットはもちろん致命的である。二番目は上級者の場合は問題ないが、アベレージ・ゴルファーはどうすれば低いボールが打てるかを知らないので、ほとんどの場合失敗に終る。

とりあえず立ち止まって考えてみよう。わたしに限らずほかのだれでも、ある人に向かってあなたは向い風のなかでも追い風や無風のときと同じくらい遠くまでボールを飛ばせる、などということはできない。そんなことは不可能だから、それをひとつの可能性と考えるのはよそう。あるプレーヤーが無風状態で400ヤードのホールをツー・オンできるとしたら、もしも向い風が一打から10ヤードずつ距離を奪うとすれば、彼のツー・オンの限界は380ヤードまで低下し、400ヤードのホールは二打で届かなくなってしまう。もしもそのホールが無風状態で現実に彼の飛距離の限界より20ヤード長いとしたら、二打でグリーンをとらえようとはまず考えないだろう。だとしたら風がそのホールの距離を20ヤード長くしたと考えることにしようではないか。

わたしは風というハザードをこのように考えて——つまり風をゴルフ・コースの一部とみなして——風を受けいれながらベストを尽くすべく努力することを好む。最も重視するのはボールを曲げないことである。危険を冒さない範囲内で可能なかぎり距離を出そうとはするが、決して高望みはしない。常に最も重要なのは方向性であり、向い風はヒッティングのミスを増幅するから、追い風や無風のときのような勝手気ままは許されない。

わたしの考えでは、向い風のショットに対する最良のアドバイスは、力いっぱい打つのとは正反対に、ふだんよりもいくぶん軽く打ってやることである。もちろんその第一の理由は方向をよくするためだが、おそらく思いもかけないことに、そのほうが向い風による距離のロスが少なくてすむことがわかるだろう。

ひじょうに低いボールが向い風のなかではいちばん遠くまで飛ぶ、と考えるのはきわめて自然である。実際はボールの高さよりもはるかに重要なことがひとつある——すなわちボールの飛ぶ軌道である。向い風でボールをダウンブローに強打したがるプレーヤーは、間もなくこの種のストロークではボールを低く抑えられないことを発見する。最初は地面すれすれに飛び出すが、先へ行くと風に乗って吹き上がり、着地するときは垂直に落下してまったく転がらない。弱い風のなかでさえ風のなすがままである。

いつか機会があったら、一流プロが向い風でドライバー・ショットを打つときに、その真後ろに立ってボールのフライトを観察するとよい。ボールは比較的高く上がる——がしかし落下する直前に急激に吹き上がったりはしないことに気がつくだろう。ボールはほとんど空中にループ状の軌道を描くように見えて、着地してからなおも転がり続ける。

このようなフライトは、ボールをダウンブローに打ったのでは実現しない。最も望ましいのは、クラブ・ヘッドが地面とほぼ平行に動いている範囲内で、ボールの背面をスクエアにヒットするストロークである。そのストロークはボールにごくわずかなバックスピンしか与えない。ボールを強打するのではなく、スウィープするような打ち方が望ましい。

プッシュ・ショット

ゴルフにおけるコントロール・ショット――ある程度バックスピンをかけることを意図したショット――をおこなうには、クラブ・ヘッドをダウンブローでボールに当てればよいことを、大多数のゴルファーに理解させるのは難しいことではなかった。ほとんどすべてのゴルファーは、上級者のアイアンでディボットを取るショットを見ているので、アイアン・ショットはダウンブローに打つのが正しいことを知っている。しかしこの場合も、ほかの多くの場合と同じように、どの程度までやるかが大きな問題である。ゴルフでよいとされていることも度をすごすと欠点になってしまう。

わたしが十二、三歳の少年のころ、〝プッシュ・ショット〟（いわゆるパンチ・ショット）の正しい打ち方を解説したハリー・ヴァードンの署名入りの記事を読んで大いに触発されたことを覚えている。それ以前からプッシュ・ショットのことは何度も耳にしていたし、文字でもたびたび読んでいたが、老ハリー・ヴァードンを含む何人かのすばらしいプレーヤーたちのゴルフを見たことはあるのに、プッシュ・ショット――自分が想像していたような――が実際におこなわれるのを見たことは一度もなかった。スチュアート・メイドンにプッシュ・ショットについて質問したこともあったが、彼は余分なことが嫌いで、いつも冗談をいうだけでまともにとりあってくれなかった。

そこでハリー・ヴァードンのこの記事を見つけたとき、わたしはプッシュ・ショットを試してみることにした。解説を二度読みかえした。それから電動カートに乗り、その記事を持ってイースト・レイクの練習場へ行った。隣りのティーでスチュアートがレッスンをしていたが、わたしは声をかけなかった。間もなく記事とプッシュ・ショットの実験に熱中するあまり、近くに人がいることを忘れてしまった。プッシュ・ショットの目的は、鋭いダウンブローで、着地したらすぐにぴたりと止まる低いショットを打つことのようだった。わたしにできたのは低いボールを打つことだけだった。毎回大きなターフを削り、手首に激しい衝撃を与えながら、フックやチョロやトップをつぎつぎに打ち続けた。なおも本気で実験を続けていると、後ろでくすくす笑う声が聞えた。ふりかえると、スチュアートがベンチに腰かけて、帽子をあみだにかぶり、面白そうにわたしの練習を見物していた。わたしが向きなおると、彼はまたくすくす笑った。

「なにをしようってんだね、ロビン？　ゴルフ・コースを動かすつもりかい？」。彼はそれだけしかいわなかったが、以後わたしはプッシュ・ショットにかかわりあうことをいっさいやめた。

正直なところわたしは今日にいたるまで、ある条件下でおこなわれるふつうの低いアイアン・ショットとはまったく別物のプッシュ・ショットなるものが存在するのかどうかを知らない。だがひとつだけ確かなことがある。ハリー・ヴァードンはそのショットを、わたしがやろうとしたようにプレーするつもりはなかったということだ。わたしは向い風のなかでおこなわれる、フル・ショットよりいくぶん小さめのスウィングによる低いアイアン・ショットをよく知っている。このショットは通常のそれよりもわずかに〝ヒット・ダウン〟されるが、その程度はごくわずかである。

わたしはそれがヴァードンの意図するところだったと信じて、さらに一歩先へ進めようとしていたのだ。ちょうど匙《さじ》一杯分の薬が効くのなら、薬壜《びん》一本分を一度に服《の》めば病気が完治するだろうと考える病人のように。いずれにせよ、善し悪しは別として、スチュアート・メイドンはわたしのやっていることを一笑に付して、以後プッシュ・ショットについて思いわずらうことがないようにしてくれた。そのささやかな体験のあと、だれかがプッシュ・ショットを持ちだすたびに、わたしは大急ぎで話題を変えるようになった。

緊張を解く六つのルール

緊張はゴルファーの大敵であり、完全にリラックスした状態を保ってリズミカルなスウィングをおこなうことは最も難しい仕事なので、わたしはスウィングの機械的な正確さとはかかわりなく、リラックスするのに役立ついくつかの簡単なルールを示そうと思う。だれでもみな欠陥のないスウィングを作りあげることを望むが、完全無欠なスウィングにさえリズムが不可欠だし、きわめて不完全なスウィングでさえ、タイミングの感覚だけでかなり効果を上げることができる。

以下はそのルールである。

1　クラブを軽く握ること。常にクラブをコントロールでき、前腕の筋肉を緊張させなくてもクラブが手のなかで回ってしまわないように、主として指でグリップすべし。しかし強く握りしめてはならない。初めに軽く握っておけば、手はスウィングの進行とともに必要なときに自動的に強く握るようになる。クラブ・ヘッドの重みが感じられることが肝心である。

2　ボールにアドレスするときは、できるだけ自然で無理のない姿勢をとること。

無理な姿勢は可能なかぎり避けるべし。前にかがみすぎるのも、ボールから遠すぎるのも、両腕が硬直するのも、脚を拡げすぎるのも、すべて望ましくない。こういうと〝禁止事項《ドンツ》〟が多すぎるように聞えるかもしれないが、実際は「まっすぐに立って、肩から腕を自然に下へおろし、楽に届く近さにボールを置くこと」といっているにすぎない。

3　バックスウィングの初めに脚と腰を使うこと。手と腕でクラブを持ち上げることから始めてはならない。クラブをテークバックして、腰を充分に回すべし。腰と背中の重要な筋肉を充分に使わないと、力が入りすぎてスウィングからスムーズさが失われてしまう。

4　バックスウィングは充分に大きくとるべし。そうすればダウンスウィングでインパクト前にスピードを上げる時間的余裕が生まれる。小さすぎるバックスウィングは必然的に打ち急ぎと緊張を招く。

5　ダウンスウィングはゆっくり始めるべし。トップ・オブ・スウィングからいきなり打ちにいってはならない。バックスウィングが充分に大きければ、ダウンスウィングで急ぎすぎる必要はない。加速はスムーズに、段階的におこなうこと。

6　ヒットするときがきてもボールにとびかかってはならない。クラブ・ヘッドに仕事をさせること。クラブ・ヘッドにスピードを与えたら、あとはクラブ・ヘッドがボールに当り、打ち抜くのにまかせる。動いている物体は外部の力が作用しないかぎり直線上でその動きを続ける、というニュートンの法則を忘れてはならない。少しでも多く飛距離を稼ごうとして、最後のどたん場で注ぎこもうとする〝外部の力〟に注意すること。ボールがフェアウェイ目ざしてまっすぐにスタートを切るまでスムーズにスウィングし続けるべし。

わたしは、ひどいスウィングの持主なのに、リズムとタイミングの感覚だけでよいスコアを出すゴルファーを何人も見てきた。緊張することさえ避けられれば、効果は驚くほど絶大である。ボールを強く打とうとすれば、スウィングのパワーが増大するかわりに、本来推進力であるべきものが早く使い果されてしまうために、たいていパワーの無駄づかいに終ってしまう。もっとゆったりしたスウィングは、このエネルギーを温存して最も効果的な時点で放出するので、はるかに少ない力でより遠くへボールを飛ばすことができる。

コース・デザインの影響

現代アメリカのゴルフ・コース・デザインにおいては、第二打地点からの完全な見通し、バンカーやほかのハザードによって境界を明示されたフェアウェイやグリーン、どんなピッチ・ショットでも止まるたっぷり水を吸ったパッティング・グリーンなどが要求されるようになった。それから起伏のあるフェアウェイを平らにし、よいライを保証する完璧な芝を育てるために多額の費用が注ぎこまれている。要するにゴルフというゲームから可能なかぎり不確実性を取りのぞき、科学に近づけようという考え方である。

こうした傾向の第一の影響は、フォームの重要性を強調することだった。不安定なショットをするたびにペナルティが科されるとすれば、最も必要なのは重大なミスを犯すことなしに何度でも反復できる健全で信頼のおけるメソッドであることはいうまでもない。

二番目の影響は、すべてのグリーンでボールがよく止まるために、多様なショットの必要がなくなったことである。ほとんど常にピッチ・ショットで用が足りるので、アメリカの若いゴルファーたちは一種類のショットを学ぶだけでよくなり、そのショットにますます磨きがかかる。ティーからグリーンまでに必要なのは機械的な正確さであり、それが必要なすべてになってしまった。ナイス・ショットが常に、あるいはほとんど常に報われるとすれば、若い人たちがフォームと正確なヒッティングだけに専念するのは当然である。

ここまではむろん大いに結構、なぜならいずれにしてもどこかから始めなくてはならないからである。しかしその先にもまだなにかがあることに気がついてもらわなくてはならない。プレーの仕方が一種類しかないこの手のコースは、考えること、想像力を働かせること、頭を使って困難な状況を打開することを教えてくれない。たとえばピッチ・ショットしか学んでいないので、ピッチ・ショットではボールが止まらないときはどうすればよいかがわからない。経験を積まなければ、斜面をじっくり調べてランニングでボールをカップに寄せる方法を見つけることを思いつかない。

しかし全体として見れば、アメリカン・スタイルのコースはショット・メイキングの練習にとても適していると思う。ほかのことはもっとあとから学んでも遅くはない。ただしゴルフというゲームの不確実性がより大きなコースで常時プレーするとしたら、アメリカン・スタイルのコースでプレーするときほどフォームを重視すべきでないと思う。

Photo taken in 1921.

第二部　実戦編

第十一章　プレーイング・ザ・ゲーム

楽しみとしてのゴルフ

なかなかよいスウィングを持っているのによいスコアを出せないゴルファーを、どのコースでも見かける。彼は多くの点で、練習ラウンドではコースを征服する勢いなのに、トーナメントが始まると音なしになってしまうトーナメント・プロと同じ運命にある。明らかにゴルフのプレーにはたんにクラブを振ることだけでは終らない多くの要素がある。

いわゆるアベレージ・クラスのゴルファーで、自分のゲームにすぐれた感覚、判断力、わずかな知的思考を応用する訓練から恩恵をこうむらない者はまずいないだろう。しかもこれはスウィングのメカニックスを別にしての話である。持てる能力から常に高度なパフォーマンスを引きだすのに役立つ方法を採りいれるだけでも、驚くほどの上達が可能になる。

われわれのようにゲームについて愚痴をこぼし、気心の知れた友人たちとの本来楽しかるべき午後を台なしにしてしまうすべてのゴルファーに共通する問題は、ゴルフも自分自身も全然わかっていないことである。この点でわれわれは下手なゴルファーから多くの教訓を学ぶことができる。なぜならいかに上手なゴルファーでも、毎回思い通りにプレーできるくらいゴルフをマスターしたと思いあがるなら、そんな愚か者は野放しにしておけないからである。

自分のやっていることをわきまえている上級者は、ラウンドの途中でしばしば自分のゲームを修正することが可能だが、午後のラウンドにでかけるアベレージ・ゴルファーは、スウィングの手直しやゴルフ理論をあとに残してでかけるほうがよい。朝のひげそりの最中やベッドで目ざめているときに心に浮かんだ新発見を早く試してみたくて、そのアイディアに取柄があるかどうかを練習場で試してみるかわりに、そのコースでの自己ベスト・スコアを出してやろうと意気ごんでスタートするゴルファーがあまりに多すぎる。楽しかるべきラウンドを台なしにするのに、それ以上に確実な方法を思いつくのは難しい。

気晴らし、娯楽としてのゴルフの長所は充分に賞揚されてきた。しかしふだんのスコアより十打かそれ以上多くたたいてもゴルフは楽しいというゴルファーがいたら、わたしはもちろん、ほかのどんなゴルファーだって絶対にその言葉を信じないだろう。90台のスコアで回るゴルファーは80を切ることを期待しない。自分にとってまずまずのラウンドなら満足すべきだし、実際たいていは満足する。しかしその彼にしても極端にひどいラウンドをして、足を引きずりながらロッカールームへ引きあげるときは、疲れきっていて、うんざりした気分で、ゲームを楽しむどころではなかったことはただれが見ても歴然としている。

　ゴルフとの取り組み方には妥当な二つの方法があるとわたしは思う。時間とやる気がある人は、真剣な研究と努力をしかるべくゴルフに注ぎこんで、アベレージ・クラスのさらに上を目ざすのがよい。あるいは、多くの人がそうであるように、限られた時間しか自由にならないのなら、自分と似たり寄ったりの腕前のいつもの仲間と一緒に、ささやかな楽しみを求めてラウンドするのがよい。しかしこの二つを一緒くたにするのは、とくに前者の野心と後者の努力を結びつけるのは禁物である。

　ゴルフのプレーから真の楽しみを得るという一大目的を前にしたとき、全員が同じルールを採用しなければならないことに気づくだろう。楽しみを得るためには、ふだんの水準にきわめて近いラウンドをしなくてはならない。ほぼ毎回そういうラウンドをするためには、どのレベルのゴルファーであるにかかわりなく、実験を避け、新しいことを試さず、練習ではなくプレーそのものをしなければならない。

　これからラウンドを始めようとする人にわたしが与えられる最高のアドバイスをひとつ挙げるなら、それは〝ごゆっくり《テーク・ユア・タイム》〟のひと言に尽きる。ただしゆっくりやるのはボールのライの吟味やショットのラインナップではなく、クラブのスウィングである。スムーズに、リズミカルにスウィングするよう努めること。ただしかなりの上級者でないかぎり、ヒップ・ターンやらリスト・アクションやらを〝いじくりまわす〟のは、練習場へ戻ってからにすべし。練習場でならミス・ショットをしてもつぎのショットをバンカーから打たずにすむ。

練習は目的を持って

ゴルフ・クラブを正しくスウィングすることを学ぼうとしている人に、知ったかぶりをして水をさすべきではない。なぜならゴルフはその目標に向かって努力する価値のあるゲームだと思うからである。しかしレッスンを受けたり練習したりする気がないとしたら、誤った小細工でラウンドをめちゃめちゃにしてしまうよりは、持てる力でなんとか間にあわせようとするほうが賢明である。

何時間も練習ティーに立って、つぎからつぎへと機械的にボールをひっぱたき続けるのは、確かに耐えがたいほど退屈だし、時間の浪費でもある。それは運動には違いないが、溝を掘ったり畑を耕したりするのも運動であるという意味での運動にすぎない。そこにはなんの楽しみもないし、このような労働から、人はいつもうんざりした気分で、手にまめを作って帰路につく。

練習がいくらかでも役に立つためには、楽しくて、夢中になれるものでなければならない。単調さは人を飽きさせるが、同じ場所から同じショットを何度もくりかえすほど単調なことはない。

わたしは自分のやっていることに対して注意力を持続する方法が見つからないというそれだけの理由で、練習というものをする習慣がなかった。最初の十発ほどのショットは考えながらていねいに打つのだが、それから先は息切れし、汗をかき、うんざりするほどのスピードで矢つぎ早に打ちまくってしまう。

有益な練習の秘訣は、なにを練習するかはっきり決めてかかることである。取り除くべき欠陥や矯正すべき欠点を思いつかないときは、練習しに行ってはならない。欠陥や欠点があるときは、それを発見して矯正したら、ただちに練習を中止して、新しい欠陥をほじくり出したり治療法自体が欠点となってしまうまでやりすぎる危険を避けること。ほかにやることがないからというだけの理由で練習するのは最悪である。

わたしの場合はドライバーの練習がいちばん難しい。なぜなら実際のプレーを想定した練習では、目標とすべき直接のターゲットがないからである。平らなティーからありふれたフェアウェイに打つドライバー・ショットほど退屈なものはないし、ドライバーの練習は疲れやすい。わたしはこの種の練習に長い時間をかけることはめったになかった。もしも問題が見つかってすぐには解決しないときは、ほかのショットを混ぜることで負担を軽くしようとしたものだった。別ないい方をすれば、ドライバーを十発ほど打ってもどこが悪いかわからないときは、ドライバーを放りだしてスプーンかアイアンで何発か打ってから、また意のままにならないクラブに戻っていった。この方法なら、ほかの方法では不可能な新たな熱意とともに中断したところから再開できた。

ふつうのティーまたはふつうの練習場からアイアン・ショットの練習をするのはまったく無意味だと思う。アイアンはグリーンに向けてショットするためのクラブだから、その練習はグリーンとフラッグを目標にしておこなうべきである。しかしそれには問題がある。わが国の混みあったコースでは、一人の人間が正規のグリーンに向かって練習ショットをするのは、ほかのプレーヤーたちへの迷惑以外の何物でもない。また、もしも彼がフェアウェイから練習するとすれば、グリーンキーパーにとって迷惑しごくな存在である。しかし通常はコースが空いている時間帯を選ぶことが可能だし、フェアウェイからはずれた場所で芝が充分に生えている地点を見つけることもできる。コース管理者を説得して、練習場に数カ所ターゲット・エリアを設けさせることさえ可能かもしれない。

アイアンの練習では、ショットの距離とアングルがそのつど変るように、あちこち移動してショットするのが望ましい。いつも同じ場所から打っていると、ストロークとまわりの風景が退屈にならないと仮定しても、打ちなれたショットが機械的になってしまって、ついには実際以上に上達したと勘違いしかねない。

以上の助言が当てはまるのは、主として特定のショットに磨きをかけるときか、特定の欠点を矯正する必要があるときである。しかしほかにもある種の練習が必要な状況、とくにコースにしばらく出ていないので全体的なゲーム勘を取り戻すことが必要な状況がある。そういう練習の仕上げとして最適なのは、すべてのクラブと四個か五個のボールを持ち、キャディを連れた九ホールの足ならしのラウンドである。ひどいショットをしたときはもう一個のボールをプレーできるし、ほかのボールをドロップしてどこでも好きな場所からプレーしてもよい。この方法なら、通常のラウンド六回分で要求されるショットよりさらに多くのさまざまなショットを試すことができる。

マクドナルド・スミスは、自分は常に最も得意なショットを練習する、と語ったといわれている。いいかえれば、彼の練習は欠点をなおすよりも長所に磨きをかけるためにおこなわれた。ただしマックの練習法は彼自身には適していたかもしれないが、アベレージ・ゴルファー向きではないと思う。

ゴルフとはまことに奇妙なゲームであり、好調はあまりにもうつろいやすいから、今現在なにも問題がないことはそっとしておくに限る。調子のよいクラブを下手にいじくる以上に危険なことはない。なぜならあまりに手をかけすぎると、遅かれ早かれ調子が狂ってしまうからである。そのクラブの調子がよいのはおそらく持主に自信を持たせるからであり、多く使われれば使われるほどその自信を裏切るおそれがある。

なによりも肝心なのは、練習に興味が持てること。明確な目的を持って練習に行き、その目的がはっきりしている間だけ練習を続ける。練習がだれたら、目的が達成されたら、さっさと家へ帰って筋肉と頭を休ませる。欠点がなおったあともなおスウィングをいじくり続けても得るところはなにもない。

単純さのメリット

ゴルフをプレーする方法や手段について書いたり論じたりする人間ならだれしも、上級者のショット・コントロールの方法に多少とも触れたくなるのが人情である。インテンショナルなスライスやフックはどうすれば打てるかを説明したい誘惑はほとんど抵抗しがたいほどで、その方法を解説するとき、彼は自分の教えがたちまち値下がりしてしまうことが心配で、自分自身がそのショットの成功を一度でも疑ったことを認めたがらない。われわれの何人かは、この種のショットの難しさは見た目だけで、実際は少しも難しくなく、フェアウェイからストレート・ショットを打つときと同じように自信満々でそのショットをおこなっている、という印象を読者に与えているのではないだろうか。

ジョン・ダンカン・ダンは、いとも気軽に解説されるこの手の難しいショットに、オープン・チャンピオンシップではめったにお目にかかれないと語っている。疑いもなくそれが現実であり、一般のゴルファーはそこから目をそらしてはならない。

結果が重要なときは、常にストレート・ショットを試みるべきである。多くの出場者が72ホールのトーナメントのスタートを切るとき、愚かに浪費された数ストロークのせいで、喉から手が出るほど欲しい優勝が逃げてしまうかもしれないことをみんな知っている。一か八かの冒険をしたり、目的を達するための手段で、海のものとも山のものともわからないことを試したりする者は一人もいないだろう。試合は実験のための場所ではない。

めったにやらないショットを成功させるチャンスがある場合、賢明な競技者は常に失敗したときのペナルティを考慮し、秤にかける。

たとえばパー5のホールでロング・ドライブを放ったあとで、グリーンの位置やほかの諸条件から見て、二打でグリーンに達するためにはブラッシーでスライスさせたロング・ショットを打つしかないとしよう。経験に富んだ目がその可能性を判断するのに長くはかからない。しかし、ただたんにブラッシーでインテンショナル・スライスを打つ自信があるだけでは、彼はそのショットを試みる気にならない。このショットの成功はひとえにスライスの幅とショットの長さにかかっている。まず考えるべきは失敗がどれだけ高くつくかということである。ミスをしても簡単なピッチ・ショットが残るだけで、パーが取れるのは確実だし、あわよくばバーディの4も望めるなら、このショットを試みるべきである。

しかし重大なトラブルに見舞われる可能性があるときは、ちゅうちょなくより安全なルートを選ぶべきである。

このように、上級者でさえこの種のショットに全幅の信頼を置かないとしたら、よりレベルの低いプレーヤーに一言の注意も与えずにこれらのショットの打ち方を教えるのは、いかにも無謀である。アベレージ・プレーヤーにとって上級者のやっていることを知るのは興味深いだろうが、興味を持つだけにして、真似はしないほうが賢明である。彼に必要なのは、自分の能力を超えた複雑な要素を必要としない、単純化されたゴルフである。

レオ・ディーゲルは、わたしが知っているなかでは、難しいショットを得意とし、それで成功したただ一人の人間だった。ディーゲルはほとんどすべてのショットを軽いフェードかドローで打ち、ストレート・ショットを打つことはめったになかった。わたしはディーゲルがだれよりもゴルフ・ボールを巧みに操ることができたとちゅうちょなく断言するが、その彼は偉大なゴルファーたちのなかの最も不安定なプレーヤーでもあった。彼の不安定なゴルフの拠《よ》ってきたるところは、ひとえに複雑なショットを多用したことにあった。

応用の才と判断力

オープン・チャンピオンシップまたは第一級のトーナメントの進行中に、コースの一地点に一人のゴルファーを立たせて、通過する全出場選手を観察させてみよう。もちろん彼はアーノルド・パーマーたち、ゲーリー・プレーヤーたち、ジャック・ニクラスたち、そしてその他の有名選手たちのプレーに目を奪われるだろう。しかしわたしは、同時に名前を聞いたこともないような選手たちのナイス・ショットの数々にも驚かされるだろうと確信する。そしてもしも彼が聡明な観察者ならば、これらのナイス・ショットがたんなる偶然ではないことに気づくだろう。

目の前を通過するパレードのなかには、超一流プレーヤーたちのすぐれたスウィングに一歩も引けを取らないスウィングを持つ無名のプレーヤーたちがいる。だとしたら、常に上位でフィニッシュする者と、ときには予選落ちしてフィニッシュさえできない者との違いはいったいなんなのか?

その答えは、成功者は応用の才とすぐれた判断力をそなえているが、もう一方はそれらを欠いているために、メカニカルな技術は持っているがいつも下位に甘んじなければならない、ということになる。なにをなすべきか、いつそれをなすべきかを知っているということは、メカニカルな技術を補って、少数の人間を常に行列の先頭に立たせるのに必要な要素であり、それを知らないほかの多くの者は前を行く少数者の上着の裾にむなしくしがみついていなければならない。

エキシビション・マッチをやりながら全国を巡業するチャンピオンが、クラブ・ハウスに足を踏み入れるまでは名前を聞いたこともないような地元のプロに完敗することがよくある。だが、この二人をどちらも初めてというコースで対戦させれば、無名のプロにほとんどチャンスはない。ローカル・ヒーローがチャンピオンシップ・トーナメントでは勝てないことに彼の親友たちは失望するが、そのあたりの機微がわかれば彼らの失望感はかなり薄れるだろう。ホーム・コースでの69や68というスコアが、よそのコースでは簡単に80になりうることはなかなかわかってもらえない。

このことはかならずしも未知のコースが彼の手に負えないプレーを要求することを意味しない。いや、彼は疑いもなく近い将来、新しいコースでもホーム・コースと同じようにプレーできるようになるだろう。しかし、一流プレーヤーにそなわっている、ショットの必要条件を判断し、クラブとプレーの方法を選択する能力が彼には欠けている。それがわたしのいう応用の才と判断力である。熟知しているコースをプレーするには技術だけでも充分で、そういう決断は自動的におこなわれるが、未知のレイアウトを征服するためには、耳と耳の間にあるものが大きな仕事をしなければならない。

幸いなことにゴルフにおける健全な判断力は、メカニカルな技術よりもずっと容易に習得できる。さまざまなコース、さまざまな条件下での経験が、すべての人間に多くのことを教える。ショットができるならば、あとは正しい思考とその応用によって学ぶことが可能である。

アベレージ・ゴルファーはそのことが自分とどんな関係があるかと疑問に思うかもしれない。一見関係はあまりなさそうだが、要はすべてのショットをおこなう前にそのショットのイメージを思い描いて計画を立て、攻略法を慎重に考える訓練をすることによって、何時間も練習場ですごすよりも確実に上達できるということである。なんらかの理由で、ゴルフ・クラブの正しい振り方をいつまでも覚えられない人たちがいる。しかし、プレーするショットの選択という点ではだれにでも向上のチャンスがある。

アベレージ・プレーヤーが一流プロほど多彩なショットを思い通りに打てないからといって、すぐれた判断力の重要性が減ることはない。問題はアマもプロも同じ――特定の個人が特定のショットをどれだけ上手に打つかということである。すぐれた判断は、地面の傾斜とコンディション、バンカーその他のハザードの配置のみならず、個人差も計算に入れなくてはならない。

スロー・プレーについて

スタンド・プレーや対戦相手のペースを乱すことが動機でなければ、スロー・プレーが非難されるいわれはない——そしてその二つの動機はこの議論から除外しても差し支えない。しかし、プレーヤーの効率とゴルフ全体の繁栄を考えるならば、スロー・プレーはやはりよくないと思う。ゴルフの発展を左右するのは世間一般の注目度であり、トーナメントは大衆の関心をかきたてる意図で運営されている。一打ごとにだらだらと時間をかけてこれからおこなうショットを吟味するラウンドほど観客の興趣を殺ぐものはない。

結局、慎重さの必要度はプレーする人によってそれぞれに異なる。ショットをするのが彼の仕事であり、用意ができるまではショットを強制されるべきではない。

コース上のプレーヤーは、困難を克服する最善の方法を決定する前に、じっくり時間をかけてこれからおこなうショットを検討しなければならないような状況に遭遇することがある。しかしそういうケースは例外的である。フェアウェイからのショットの大部分はそれ以前にプレーした無数のショットのくりかえしでしかない。少なくとも、トーナメントの出場者がみなそうであるように、コースを熟知している人間の決断は一瞬のうちにおこなわれるはずである。

老人や上級者が必要以上の遅延を避けるために特別に努力しなければならないのは、しかるべき理由があってのことである。つまり彼らのお手本が後進の若者たちに影響を与えるからだ。若者たちはもともと自信家で、自信満々でプレーするから、年寄りのように難しいショットを前にしてひるんだりするとは思えない。

充分考え抜いたはずのショットがミス・ショットになってしまうのを見るたびに、わたしは殺人容疑で起訴された依頼人の弁護に失敗した弁護士を思い浮かべずにいられない。公判はずるずる長引いて一カ月近くも続き、弁護士は大声で雄弁にまくしたてて論陣を張る。数日後に路上で同僚の弁護士と会ったとき、この裁判が話題にのぼる。有罪になった被告の弁護士が、法廷での自分の仕事ぶりをどう思うかと友人にたずねた。友人の弁護士は答える。「そうだね、あれほどがんばらなくても結果は同じだったんじゃないかな」。

ゴルフではしばしば第一印象がベストである。綿密に調べなければわからないほど細かいアンジュレーションについての懸念を正当化するほどの正確さでボールを打てる人間などいるはずがない。一目でわかるような難しささえ注意すれば、充分うまくやれるはずである。

素振りのマナー

ゴルフ・ルールにはいかなる条件、いかなる状況のもとでも素振りを禁じる条項はない。ライを改善したり、ハザード内で砂に触れたり、障害物または生長物を取りのぞいたり、あるいはルールで禁じられているほかの行為をしたりしないかぎり、プレーヤーにはどの方向にも好きなだけ素振りをする権利がある。バンカー内でさえ、砂に触れたり、ボールのライを改善しないかぎり、何度でも好きなだけ素振りをしてよい。多くのプレーヤーが素振りはボールからワン・クラブ・レングス以内でおこなってはならないと思っているが、この場合の条件はただひとつ、ボールを打つ意思がないことが明らかなことだけである。

プレーヤーのルール上の権利は以上のように明らかだが、周囲に迷惑をかける道徳上の権利はそれほど明らかではないことを指摘しておくのがフェアというものだろう。ゴルフをプレーする人間にとって、自分のゲームが最大の関心事であるのはおそらく当然のことだろう。また、対戦相手のゲームに注意を向けるのは、相手がトラブルに陥ってプレー中のホールを失うことを願うときだけ、というのも人情である。

しかし彼がそんな感情を抱くとすれば、対戦相手もまた彼のプレーについて同じことを考えている可能性があり、少なくとも他人が何度も素振りをしたり、ボールを打つまでにだらだら時間をかけたりするのを見ながら、午後の大部分をすごすためにコースに出たのでないことだけは確かである。ゴルフの倫理はすべてのプレーヤーに一打一打を慎重にプレーする妥当な権利を認めているが、同時に必要以上に遅延することなくボールに歩み寄って仕事を終らせる義務をも課している。

えんえんと素振りをくりかえす常習者は——その数はかなり多い——迷惑きわまりないタイミングで素振りをおこなう不思議な才能を持っている。スウィングの最中に、後ろでクラブが空を切る音が聞こえるほど腹立たしいことはない。そういう経験をしたことがないゴルファーは一人もいないだろう。それがたんなる不注意から出たことだとわかっていても、手にしたクラブで犯人の頭を殴ってやりたい衝動をこらえるには、よほどその相手に好意を持っていなければならない。

スコアリング

あるプレーヤーがアウトの九ホールでまれに見るよいスコアを出しながら、しばしば後半でゲームのタッチを失ってしまい、驚くほどひどいスコアでラウンドを終えるのはなぜか、と疑問に思う人がいる。絶好調のときに限ってこの自爆現象が起きるのは不思議である。どうやら特定のゴルファーが提出するスコアの下限が決まっていて、前半で自分に割りあてられたスコアを大幅に下回ると、後半でスコアの平均化作用が起きるらしい。

しかし平均化の現象を促すのは平均化の法則といったものではない。よいスコアが出そうだという意識がプレーヤーに与える心理的重圧はとうてい測りがたい。ゴールに近づけば近づくほど、一打一打が難しくなり、ついにはどんな小さな障害もとうてい克服できないような気がしてくる。悪いスタートの影響から立ちなおるほうが、よいスタートの調子をそのまま維持するよりも、心理的重圧ははるかに軽くてすむ。

第三ラウンドのリーダーがオープン・チャンピオンシップでめったに優勝できない原因は、ひとえにこの心理的プレッシャーにある。彼が崩れてしまうのはいわゆる〝万策尽きた〟からではない。なぜなら第四ラウンドが全員同じ条件でスタートする独立した競技なら、おそらく彼はだれにも負けないスコアで上がれるだろうからである。しかし守らなければならない数ストロークのリードが、彼を心配させ、用心深くさせてしまうのである。一方、下から追い上げる人間は、ゴルフをプレーすること以外なにも頭にないアグレッシブな心理状態にある。彼はしばしば自分のやっていることの意味に気がつく暇もなく、いつの間にか優勝できるポジションにいる。

前のショットのことは忘れて、これからおこなうショットだけを考えろというういい古された忠告は、悪いショットだけでなくよいショットにも当てはまる。一ホールの6というスコアを忘れることも大切だが、それに劣らず3を忘れることも大切である。

数年前にある高名なプロゴルファーから聞いた言葉を、わたしはいまだに忘れていない。われわれはちょうどクラブ・ハウスで、ウォルター・ヘーゲンがアンダー・パーのホールを重ねて、とてつもないスコアを出したニュースを聞いたばかりだった。「いいかい、ボビー」と、そのプロはいった。「ヘーゲンのすごいところは、バーディをいくつか取ったあともまだその調子を維持できると考えるところだ。ところがきみやわたしは続けてバーディが出るとその調子を維持しようとは考えずに、そんなにうまくゆくはずはないと思ってしまう。自分のつきが信じられなくて、今にも6や7を叩くんじゃないかと心配になってしまうんだよ」。

　もちろん、トーナメントでかなりの精神的プレッシャーがかかるのは容易に理解できるが、土曜の午後のゴルフには同じプレッシャーはない。状況はむろん違うが、ホーム・コースでの自己ベスト・スコアを縮めることがどんな意味を持つか、ゴルファーならだれでも知っている。その目的を達する最後のパットは、そのプレーヤーにとって、どんなチャンピオンシップのウィニング・パットにも劣らず重要である。

　一九一六年のイースト・レイクにおけるわたしのベスト・スコアは、もちろん競技で出したものではなかったが、74で、ほかのみんなと同じように、コースに出るたびにその記録を破ろうとしたものだった。だがその夏中と翌年いっぱいかかっても記録は破れなかった。

少なくとも四回、十七番ティーに立ったとき、残り二ホールをパーの4と3で上がれば、74どころか70さえ切れる状況だったことを覚えている。そのたびにこれから自分がしようとしていることを考え始め、トータル・スコアが74になるようにストロークを使い果してしまうのだった。結局74の壁を突破するまでにまる二年かかった。結果を考えさえしなければ、おそらく数カ月で記録を塗り変えていただろう。

そんなわけでアベレージ・ゴルファーが90または85を切る難しさと、上級者がチャンピオンシップに勝とうとするときの難しさはまったく変らない。わたしはある人がトーナメントのラスト・ラウンドで、勝利を目前にしながら崩れてしまったことを酷評する言葉を聞くとき、その批判者に質問したい。あなたは5を三つ取れば自己ベスト・スコアを縮められる状況で、ちゃんとそれを取ったことがあるのかと。スコアが70か100かは大して重要でない。要はそれがなにを意味するかが問題である。

パッティングの重要性

直径4¼インチの標準カップにかえて8インチのカップを使う実験は、ゴルフというゲームがパッティング・グリーンで競われる比率があまりに高すぎるという、いい古された議論をむしかえさせる。だれかが常になにかを改善または改革しようとするが、ゴルフもその試みから逃れられない。

数年前、あるプロ・トーナメントがイギリスのコースで——たしかウェントワースで——開催され、正確なアプローチ・ショットに得点を与えるという試みがおこなわれたことがあった。各ホールにいくつかの同心円が描かれ、プレーヤーはスコアに対して多くの得点を与えられるうえに、第二打でどの円内にボールを乗せたかによって、さまざまな得点が加算された。フロリダでの実験と同じように、それは従来のゴルフにおけるパッティングの重要性に対する抗議の試みだった。

その論旨はつぎのようなものである。パーは完璧なゴルフを表すべく意図されたものである。18ホールのコースの平均的なパーはほぼ72で、その内容はグリーン上のプレーに2パットを配分している。かくて、18ホールのラウンドでは、パーの数字はプレーヤーに36パットと、パター以外のクラブに配分される36ショットを与える。完璧なラウンドのストロークの半分はパターでプレーされることになり、パターの才能に対するごほうびがあまりにも大きすぎるのではないだろうか？　グリーン上のプレーを2パットではなく1パットで計算できるくらい、カップのサイズを大きくするほうがフェアな配分ではないだろうか？

この疑問に対する答えのひとつに、ドライビングとアイアン・ショットがすぐれていれば、パッティングがすぐれているのと同じくらい報われる、というものがある。

もちろん、悪いパッティングはしばしばほかのクラブによる利点を帳消しにしてしまうとはいえ、疑いもなく長いまっすぐなドライバー・ショットはセカンド・ショットを容易にし、正確なセカンド・ショットはプレーヤーに勝利の可能性をもたらす。

大きなカップの擁護者は、一人のプレーヤーがロング・パットを一発で決めて、グリーンまでのプレーに勝《まさ》っていた相手からホールを〝盗んでしまう〟というアンフェアな結果を、ゴルフからなくすことになると主張するだろう。つまりよいセカンド・ショットのあとのまずまずの距離のパットはすべて一発で入るくらい、カップは大きくあるべきだという議論である。しかし彼らは、そうなると泥棒は、グリーン外またはバンカーからも、ロング・パットを一発で決めるのと同じくらい直接カップ・インする可能性があることを見逃している。

下手なゴルファーは、もうショート・パットをミスすることもないし、今までカップの縁に止まっていたパットはみな入り始めるだろうと考えて、大きなカップを歓迎する。しかしここでもまた問題は完全に相対的なものである。2、3、4フィートのパットがカップの縁で止まるかわりに、10、12、14フィートのパットがカップの縁で止まったときも、彼はまったく同じ失望を味わうだろう。われわれがカップにどんな細工を施そうとも、入るはずで入らなかったパットの話を聞かなくなることは決してない。

大きなカップは擁護論とは正反対の効果をもたらすようにわたしには思える。なぜならそれは常にセカンド・ショットをピンそばに乗せるプレーヤーよりも、いつもピンから遠くはなれた場所にボールを乗せるプレーヤーのほうが、パッティングの差がより大きくなると思うからである。前者はカップのサイズが現行のままでも3パットの心配がほとんどないし、多少ともパッティングが得意なら多くのグリーンを1パットですます可能性があるのに対して、アプローチ・ショットがあまりピンに寄らない後者には、1パットはめったにないだろうし、タッチがよくなければ3パットの危険さえある。

わたしはこれらの実験がなんらかの成果に結びつくことを心配してはいない。ホールを大きくすればゴルフというゲームが改善されるとは思わないし、万にひとつ改善されるとしても、変更に対する最良の反論と考えられるものを思いださずにはいられない。この種の議論がおこなわれている最中に、だれかがつぎのようにいうのをわたしは聞いたことがある。

「いいとも、カップの大きさを好きなサイズに変えてくれ。だがそのときは、そのゲームをゴルフとは呼んでくれるなよ」

第十二章

トーナメント・ゴルフ

トーナメントの準備

ゴルフにははっきり異なる二つの種類がある——すなわちただのゴルフとトーナメント・ゴルフである。ただのゴルフはあらゆるゲームのなかで最も楽しく、仲間と一緒にやるのに適した娯楽である。一方トーナメント・ゴルフはスリリングで、悲痛で、ひどくハードな仕事である。あまり深く物を考えない若いうちは楽しいが、結局苛酷きわまりないものである。

いかなるスポーツでも今日では恐ろしいほど競争が激しい。ゴルフでも、プロ、アマを問わず出場者のなかには二十年前には考えられなかったほど多くの強敵がいる。ゴルフ人気は燎原《りょうげん》の火のような勢いで拡がりつつある。

このことは、競技者として他の出場者と同じレベルを維持することが、ゴルフ以外に職業や仕事を持つ人間には年々難しくなりつつあることを意味する。彼は敵に充分な練習と準備というアドバンテージを与えるか、自分の調子を整えるために仕事を犠牲にして練習に時間をかけるかしなくてはならない。

準備に必要な時間はさておき、それに劣らず大きな競争のきびしさという問題がある。若者が競技ゴルファーとして船出するとき、そこにあるのは楽しさ以外の何物でもない。彼が何者であるかをだれも知らないし、彼になにかを期待する人間も一人もいない。その気になれば人を驚かせるようなプレーができるし、全力を尽して戦い、よい成績をあげたら自分をほめてやることもできる。どんな責任もないから、大いに楽しむことができる。しかし彼がトーナメントで勝ち始めると状況は一変する。周囲からいろんな期待をかけられ、責任の重圧を両肩に感じ、コースではギャラリーにつきまとわれ、失敗すればいつまでも忘れることを許されない。

もちろん、トーナメントで成功するためにまず必要なのは信頼できるゲームである。しかしそれは、少なくともある程度生まれつきの才能があり、そのうえに忍耐強い研究と練習によって何年もかけて築きあげるべきものである。期末試験前の一夜漬けと同じで、トーナメントにそなえて一週間か二週間前から汗水流す練習は、おそらくかえって逆効果である。トーナメントに必要なゲームをすでに持っていないとしたら、最後のどたん場ではおそらく手に入らないだろう。

逆にトーナメントの前夜に実験をしすぎるのもよいことではない。多くのプレーヤーがトーナメントが終るまで自分のスウィングを放っておけなくて失敗する。われわれの大部分は練習したり実験したりする時間、スウィングをいじったり打法を改善したりする機会にこと欠かない。トーナメントが始まったら、そういったことをすべて忘れ、実験を中止し、身につけた筋肉の習慣を全面的に信頼し、スコア・メイキングに専念すべきである。

トーナメントの準備のなかで最も重要なのは、持てる能力の範囲内で最高のプレーができるように、精神的にも肉体的にも調子を整えることである。きびしい肉体的トレーニングは必要ないし有益でもない。肉体的コンディションがあまりにもよすぎるとしばしば神経過敏になる。最も必要なのはゴルフをプレーすること、ゴルフに必要な筋肉を強くすること、そしてグリーンまわりの短いショットのフィーリングをつかむことである。

どれだけ多くプレーするかは、各人が自分で学ばなければならないことである。最も望ましいのは、すべてのショットとクラブを知り尽くし、きたるべきトーナメントへの期待でわくわくするようなゲームへの意欲がわいてきた状態である。プレーが少なすぎるのはよくないが、多すぎるのはそれ以上によくない。トーナメントが始まる前から疲れ果ててしまったのでは元も子もない。

競技に臨む心構え

おそらくすべてのスポーツで、そしてスポーツ以外のいかなる分野でも、一流と一流に近い人たち――成功する人間とあと一歩というところで成功を逃がしてしまう人間をへだてている要素をこれだと名指すことは難しい。ゴルフではこの小さな違いは、有効ではあるかもしれないが、あまりにも小さすぎていつもかならず効果を発揮するとは限らない。

わたしはセント・アンドルーズで全英オープンに勝ったあとで、優勝者とほかの出場選手の優劣の差がいかに小さいかを論証する、イギリスのある新聞の社説を読んだことを覚えている。このトーナメントでわたしとしてはかつてない大差をつけて優勝したのだが、社説の指摘通り、二位との6ストロークという差は、いかにも大きな差に見えるが、パーセンテージになおすと優勝スコア285ストロークのわずか2・105%、平均ストロークが72をわずかに下回ったラウンド当りでは1・5ストロークにすぎない。

勝者と勝利に一歩及ばなかった人間の違いは、常に自分のゴルフの監視を怠らない勝者の能力にある、とJ・H・テイラーをしていわしめたのは、このような僅差が頭にあったからだろうと思う。勝者はいかなる場合でも結果がどうなるかわからないので、ワン・ショットといえども軽率に、または自信過剰にプレーしたりはしない。

トーナメントにおいて、一部の人々が選手たちには超人的なパワーがそなわっていると考える傾向を、わたしは本気で相手にしたことがない。何人かのプレーヤーが終盤の猛追で勝利を手中にするという逆転劇を演じてみせるとき、人々が彼らは勝っために必要などんなことでもやってのけられるというのを聞いたことがある。だが、そんな考えはばかげている。なぜならもしも彼らが意のままにプレーできるとしたら、そもそも勝つためには残りのホールをアンダー・パーで回らなければならないような位置にいるはずがないではないか。また、わたしは終盤で崩れたプレーヤーをけなす言葉を聞くと、グラントランド・ライスがサイオートで提起した疑問——第三ラウンドで崩れるのと第四ラウンドで崩れるのとではどっちがましか——を思いださずにはいられない。どんなプレーヤーでも72ホールの旅の途中で不運に見舞われることがある。要は全行程で平均して最もよいプレーをするのはだれかという問題であり、その点を勝者は覚えているが、他の出場者は忘れてしまうのだとわたしは思う。

前述した英新聞の社説の観点で考えるとき、われわれはドライバー・ショットであろうとアプローチ・ショットであろうとパットであろうと、一打一打の大切さに気がつかなければならない。また、ストローク・プレーではロング・パットを決めて6で上がるのも、同じ長さのパットを決めて3で上がるのも等価値であることにも気がつかなくてはならない。要するにどの一打も同じように大切なのである。

成功するプレーヤーとあと一歩で成功を逃がしてしまうプレーヤーの違いを定義して、J・H・テイラーはすべてのゴルファーのための教訓を掲げている。彼は何人かのすぐれたゴルファーがチャンピオンシップを手中にするのに、同じようにすぐれたゴルファーがそれを取り逃してしまう理由を説明するだけではない。あなたが昨日四番グリーンへの易しいピッチをミスした理由、それから八番グリーンへの第二打をミスしたあと、五番アイアンを使うほうが賢明なところで七番を使った理由も説明してくれる。ダッファーからチャンピオンにいたるまで、われわれはみな一打一打を独立したものとしてプレーするほうが結果はよいだろう。

競技でプレーした経験のない者にとって、姿の見えない敵を相手に競技ラウンドをプレーすることがなにを意味するかを理解するのは難しい。

全英オープンでは想像力が暴走する。コースの遠くはなれた場所から聞えてくる拍手や歓声は、別のプレーヤーのギャラリーが見守る前で、成績のぱっとしないプレーヤーがたまたまチップ・ショットを直接カップにほうりこんだだけかもしれないのに、自分の追撃するプレーヤーからの強烈な一撃のように思いこんでしまう。それにはなんの意味もないかもしれず、かりになにか意味があるとしても彼にはどうすることもできない。だが、そういう考え方はなかなかできるものではない。彼は常になにかに追いかけられているように感じる——その正体がなんであり、どこにいるのかもわからないままに。

かつてのわたしは、自分はミスをするかもしれないが他人はミスをしないだろうと感じたものだった。一九二〇年、初出場の全米オープンの最終ラウンドの前にスコアボードを見て、最低でも69で回らなければ勝つチャンスはないと考えたことを覚えている。だが実際には73で回ってもトップ・タイにはなれたのだ。わたしは毎年のようにこの種の教訓を学んだ結果、やがて最高のプレーヤーたちでも自分と同じようにミスをするのだと考えることにした。

ハリー・ヴァードンが与えたとされているアドバイス、なにがあってもボールを打ち続けるべしというアドバイスが、長い目で見ればベストである。他人がなにをするかをあれこれ考えてみても始まらないし、自分の目標スコアを定めてプレーするのは無益どころか有害である。一回の華々しいラウンドや連続バーディがかならずしも優勝に結びつくわけではない。警戒しなければならないのは、四ラウンド平均してよいスコアを出すプレーヤーである。

毎試合優勝を期待することなどだれにもできない。ゴルフはそんなことが可能なゲームではない。だから自分のゲームをできるだけしっかりプレーして、噂や歓声はなるべく早く忘れるように心がけるべきである。

最高の競技ゴルファーとは、常になにかしら恐ろしいことが起きるのではないかと考える疑い深く小心な人間——グリーンにあがったときにホールからいちばん遠いボールが自分のだと思いこむペシミストのことである。この種のプレーヤーは何事も楽観せず、数ホール好調が続いても決して思いあがったりはしない。コンセントレーションの糸がぷつんと切れてしまいやすい最も危険な地点は、万事好調にいっている直後にやってくる。いずれにせよコンセントレーションがやや揺らいでいるとき、その糸を切るのに最も適した鋏は好調さである。

オーガスタ・カントリー・クラブのヒル・コースでおこなわれたあるトーナメントの第二ラウンドで、わたしは危なっかしいスタートを切った。最初の二ホールを5にしたあと、ようやく調子が上向いた。最初の二ホールで失った2ストロークは七番と八番で取りかえした。十一番でもうひとつ取って、さらに十三番を取ったので、十六番のティーに立ったとき、残り三ホールをパーで終れば70で上がれるはずだった。二番ホール以降痛いミスはしていなかったし、コースの難所はすでに通りすぎていた。残りの三ホールはそれぞれドライブ・アンド・ピッチの距離で、おそらくこのコースで最も易しいホールの連続だった。

ところが、そのときは気がつかなかったが、わたしはラウンドの終盤にあってはならない態度で臨んでいた。70は悪くないスコアだし、最後の三ホールでストロークを落とす危険は皆無だと思った。わたしにとってラウンドはすでに終了していた。あとは十六、十七、十八番をホール・アウトするという簡単な手続きが残っているだけだった。

もしもわたしが、当然そうすべきだったように、残り三ホールもアンダー・パーにしようと努力していたら、はるかによい結果になっていていただろう。残りホールが易しいパー4なら、なぜ3を目標として攻撃しなかったのか？　ところがそうはしなかった。十六番でボールをティー・アップし、無造作にアドレスして、フェアウェイには一瞥《いちべつ》もくれずに、道路越しにアウト・オブ・バウンズへ完璧にストレートなショットを打ってしまった。しかもコースでいちばん広いフェアウェイを前にしてである。ストロークと距離のペナルティがつくから、わたしは貴重な2ストロークを溝《どぶ》に捨てたことになる。このショックで気持ちを引きしめ、思いつくかぎりの罵詈雑言《ばりぞうごん》を自分自身に浴びせたが、それでもほとんど失ったストロークを取り戻す役には立たなかった。

不注意にプレーしたストロークが致命的なミスになることがある。不注意なショットは常に一生懸命にプレーした一打は多くの悲嘆をもたらすかもしれない。不注意なショットはショットよりも高くつくと思う。なぜならそれは士気を低下させるからである。われわれはミス・士いるから、それを受けいれるのは容易である。どれほど努力しても多くのショットがとても完璧とはいえないことを知っている。しかしわけもなくストロークを溝に捨てたときは、そのペナルティを冷静に受けいれて、つぎのショットをまともな精神状態でプレーすることは至難である。

かつてわたしは、クラブ・チャンピオンシップの決勝戦で、三ホール残してツー・ダウンという状況から、最終グリーンでマッチをものにした男の話を聞いたことがある。

彼は残り三ホールを4－3－4というパーに対して5－4－5のスコアで上がって勝利をものにした。試合後彼はこのすばらしい勝利に対して心のこもった祝福――勇気あるフィニッシュで敗北の瀬戸際から勝利を勝ち取ったうんぬん――を受けた。

同じシーズンのそれから数週間後に、この同じ人物が、同じコースで、ある招待トーナメントの決勝戦まで進んでいた。今度は三ホール残してツー・ダウンではなく、彼のほうがワン・ナップだった。彼は最終三ホールを4－3－4のパー・プレーで、前のときよりも各ホール一打ずつ少ないスコアで上がったにもかかわらず、このときは十八番グリーンで敗北を喫した。前回は5－4－5のスコアでヒーローになったのに、今回は4－3－4で回りながら、トーナメントの重圧でつぶれてしまった腰抜けという屈辱に耐えなければならなかった。

ゴルフとはそういうものなのである。わたしはまさにこの理由で、ゴルファーの属性を表すのにしばしば用いられる〝ガッツ〟という言葉を毛嫌いしている。最終の数ホールをきっちりまとめる能力、あるいはそもそもゴルフをプレーする能力は、肉体的な勇気、すなわちガッツなどとはなんの関係もないばかりか、終盤のめざましい立ちなおりも悲劇的な失敗も、ほとんど常に両サイドの協力があってこそ実現することがわかるだろう。

安定したプレー

どんなによいゴルフをした人でも、悪いゴルフをした人でも、絶好調またはそれに近い好調を一定期間維持することがいかに難しいかに気がついたはずである。長期間にわたるゴルファーの浮き沈みをグラフにすれば、一連のピークと落ちこみが現れるが、ピークはきわめて短く、下向きのカーブが急激に落ちこむのに対して、上向きのカーブは長くて登るのに難儀なことがわかるだろう。谷底から山の頂上まではいつも長時間の苦闘の末に登らなければならないが、やがて束の間頂上にとどまったあと、苦心の末に見つけたタッチやフィーリングをあっという間に見失って、ふたたび谷底に逆戻りしてしまう。

ゴルフにおける絶対的な安定がかくもまれな理由は二つある。それがわかればゴルファーの抱える問題がなんであるかがはっきりし、目を見開いてその問題と取り組むチャンスが訪れるだろう。グラフの浮き沈みを均《なら》せる方法は二つしかない。そのひとつはスウィングの基本を完全に理解することであり、もうひとつは自分自身の欠点とミスを犯す傾向を偏見にとらわれずに深く知ることである。

ゴルファーは感覚でプレーしなければならないが、いかなる感覚、着想またはアイディアも長期間にわたっては効果が持続しないことに気がついた人間はわたしだけではない。いいかえれば、コントロールできる単独または一連の動きで、コントロールされた結果、無限に満足すべき結果を生み続けるものは存在しない。一打プレーするたびにスウィングの初めから終りまで全部考えることは不可能である。あるときは腰の移動と回転でダウンスウィングを開始することを思いだすだけで、きわめて満足すべき結果が得られるかもしれない。これが続く間は、われわれはグラフのピークのひとつを楽しむことになる。だが間もなく、そのひとつのことを過大評価しすぎるか別のなにかを完全に忘れてしまったために、全体の調子がおかしくなって、また最初からやりなおさなければならなくなってしまう。そこでふたたび調子を取り戻すために別の考えを模索し始める。スウィングの理解が必要になるのはそのときである。それを理解していないと、完全に暗闇の手探りになってしまうからである。

好調を持続することが難しいもうひとつの理由は、プレーヤー自身が気づかないうちにスウィングに忍びこむいくつかの潜行性の欠陥である。わたしは二つないし三つ以上のスウィングのディテールを同時に考えながら、ボールを正しく打てたためしがない。もしもそれ以上細々と考えなければならないとしたら、辛抱強い努力と練習によってコントロールの必要な部分を減らすまでは、ひどいプレーを続けなければならないことになる。その二つないし三つのことは常に同じではない。ときにはスウィングがきわめて順調で、なにひとつ心配する必要がないことがある。もちろん、ごくまれに訪れるそういう場合には、ゴルフはいたって簡単である。

しかしわれわれはほかのことに注意を向けながらあらゆることを考える能力がないので、多くの細々としたことの調子が狂ってしまうおそれがある。わたしはゴルフを始めてから毎年のように、つぎつぎに新しいミス・ショットの仕方を発見してきた。思いもかけないミス、目立たないけれども重要なミスの数々。

ゴルフの持つ不確実性の重要な理由のひとつは、このゲームが自然が形作った等高線をほぼそのまま残す地形でプレーされることである。丘や谷、小さなマウンドや起伏が、ボールの方向をあっちへ変えたりこっちへ変えたりする。同じ場所の1フィート以内に着地した二個のボールが、何ヤードもはなれた場所に——一方はバンカーのなかに、もう一方はカップの近くに——止まるかもしれない。

われわれは数フィートの差が数ストロークの違いを招くケースを見逃しがちである。ボールがハザードの数インチ手前に止まるとき、ボールがハザードに入らなかったのはいかに幸運だったかとはめったに考えない。その種のことはコースのほとんどすべてのホールで起きている。それらはたんにゲームの一部とみなされる。運不運がゲームのなかで大きな役割を演じていることを充分に認識させるためには、びっくり仰天するような出来事が必要である。

わたしが優勝した最初のナショナル・オープンの勝因は、カップから遠ざかる方向へバウンドしても少しもおかしくないボールが、逆にカップに近づくようにバウンドしたことだった。一九二三年の全米オープンの最終ラウンドで、インウッドの十六番をプレーしているとき、わたしはトップに立っていたがリードはごくわずかだった。最高のドライバー・ショットを打ったあと、左右をバンカー群とマウンドで護られ、正面に狭い花道が開けているだけのグリーンを三番アイアンで狙った。緊張のせいに違いないが、そのショットをグリーン左に引っかけてしまい、ボールはわずかにバンカーを越えて道路外のアウト・オブ・バウンズへはねてしまった。わたしはストロークと距離のペナルティを科されて、フェアウェイから第四打をプレーすることになった。

わたしはこの不運に激しく動揺して、危うく高くついた最初のミス・ショットとそっくり同じショットをくりかえすところだった。空中のボールを目で追いながら、これもアウト・オブ・バウンズになったらどうしようと考えていたことを覚えている。ボールはグリーン手前のマウンドの斜面に当ってほとんど直角にはねかえり、カップからせいぜい10フィートの距離に止まった。そのパットを沈めて、少なくとも7になっていたはずのところを5で上がった。最終ホールで6を叩いたときは、ボビー・クルックシャンクとタイになって優勝するチャンスを残してくれたあのラッキー・バウンドになおのこと感謝した。

ドライバーのナイス・ショットがフェアウェイのど真ん中へ飛んでいるときは、少なくともほどほどによいライを期待して当然である。しかしひどいショットが林やラフに入ったときは、ボールが快適なベッドの上にある可能性は低い。

ウォルター・ヘーゲンとレオ・ディーゲルがある午後オリンピア・フィールズのナンバー・フォー・コースの三番ティーにさしかかったとき、彼らは38ホール戦ってオール・イーブンだった。全米プロの準決勝戦である。ディーゲルが狭いフェアウェイにみごとなドライバー・ショットを放った。ランがよく出て、たいそう易しい第二打が残った。一方のヘーゲンはひどいスライスで、茂み越しにだれもが深いラフだと知っているところに打ちこんだ。どうやらヘーゲンは万事休すというところだった。かりに長い草のなかでボールが見つかったとしても、その位置からグリーンに届かせるショットはほぼ不可能な状況だった。

ヘーゲンがどうやって窮地から脱出しようとするかを見るために、多くのギャラリーが小走りに丘を越えてやってきた。ところが現場に到着してみると、ヘーゲンはまだ試合を諦めていなかった。ボールは長い草のなかではなく、グリーン補修用の芝の養生地の申し分のないライにあったからである。

彼はアイアンのナイス・ショットでグリーンをとらえ、このホールを4で引き分けた。ディーゲルは思いもかけないこの結果に動揺して、つぎのホールのドライバー・ショットをトップした。そこで彼のボールを待っていたのは芝の養生地ではなく、結局ヘーゲンがマッチをものにした。

プレーヤーの技量がどうであれ、運に恵まれなければどんなチャンピオンシップにでも勝てない——少なくとも悪運に見舞われたら勝ち目がない。ゴルフはまだ科学というよりはゲームであり、これからもゲームであり続けるだろう。おそらく不確実性というその特質こそ、ゴルフがプレーヤーにも観客にも同じように人気がある最大の理由である。いつ、たて続けにスリリングな場面が訪れるかはだれにもわからない。

ゴルフで起きる驚くべき出来事を解明しようとするならば、ゴルフは心と筋肉の完全な共同作業——少なくとも心の動揺が、長い間の習慣にしたがった筋肉の動きを邪魔しない程度の——を必要とするゲームであること、どんな試合であれ、全出場者中少なくとも十人のプレーヤーのだれが勝ってもおかしくないが、その場合の勝者と二位以下との差は、好調と少し調子が落ちている状態といった程度の差でしかないことを認識しなくてはならない。

こうした突然の大崩れが恐怖心と不安の干渉によってひきおこされるという証拠が必要ならば、どうやら優勝の見込みがなくなったプレーヤーが、緊張と重い責任感から解放されて、ふたたびのびのびとプレーし始め、結局優勝をさらってしまったケースをいくらでもあげることができる。大きなチャンピオンシップの勝者が初日からトップに立ち、一度も追いつかれることなく最終ホールまでトップを守り続けることはまれである。優勝者が最終ラウンドをトップから二、三、四打差でスタートし、しかもほとんど注目をひかない早い時間にプレーして最終ラウンドで好スコアを出し、ほかのプレーヤーが目標にしながら果せなかったトータル・スコアで終了したケースは、古来かぞえきれないほどある。

大崩れとともに突然訪れる解放感の効果の最もめざましい例は、ウィングド・フットで開催された全米オープンのアル・エスピノザのケースで、わたしもこのトーナメントでは大いに驚かされた。アルとわたしは72ホールを同じトータル・スコアでフィニッシュしたが、そこにいたるプロセスには天と地の差があった。

わたしは最終ラウンドをトップでスタートし、八番と十五番で7を叩いたにもかかわらず、いまだ完全に圏外ではなかった。まだ優勝目ざしてもがき続けていた。しかしアルはスタート時点でトップとは差があり、十番までのプレーは大幅に差を縮めるほどすばらしくはなかったが、プレッシャーを感じる程度にトップに近づくにはそれで充分だった。やがてとつぜん爆発して十一番で8を叩いた。もちろん、アル自身を含めて、だれもがこれが止《とど》めの一撃であることを知っていた。彼はリーダーたちのなかのいちばん早いスタートだったので、われわれほかの者もトラブルに見舞われる可能性があり、実際その通りになったことを知らなかった。すでに数ストローク遅れをとっていた彼は、そのうえさらにひとつのホールで四ストロークを落としたので、あと数ホール残した段階で望みは完全に消えたと判断した。

残りのホールがパー・プレーだったら、事実望みは消えていただろう。しかし、もしも二、三ストロークのリードがあったらおそらく彼をほとんど麻痺させていたはずの8が、実際は一種の救いになった。今や勝つことなど全然考えてもいない彼は、長い間なじんだ打ち方でのびのびとボールを打って、ふだん着のゴルフをプレーし始めた。そして四つの4と二つの3を並べ、終盤の至難の六ホールを2アンダーでフィニッシュして、トップ・タイに並ぶスコアを叩きだしたのである。

ある新聞記者は、このトーナメントはだれが最も多くタイトルを投げだすことができるかを競う戦いだったと書いている。たしかにそんな感じではあったが、どのチャンピオンシップもある程度は似たようなものである。事実上優勝争いがしぼられたあとの長いホーム・ストレッチにさしかかると、重圧は一人の人間から別の人間へと移動する。早いうちのリーダーが緊張でじりじり後退すると、守るべきリードもなんの心配もない二番手がトップに飛びだす。と、今度は彼が緊張でつぶされ、また別の者がトップの座を奪う。トラブルは早くか遅くか中間にやってくるかの違いはあっても、いつかはだれにでもやってくる。

18ホール・マッチの是非

一部の人々が力説するように、18ホールがゴルフのワン・ラウンドを構成することはわたしも認める。しかしこれは意図したものというよりは偶然の結果なのだから、重要なトーナメントで18ホールを妥当なテストと認めなければならない理由はない。

実際のところ、長期間にわたる実績で立証されたあるプレーヤーの別のプレーヤーに対する決定的な優位は、ラウンド当りのストローク数で表せば、しばしばワン・ストロークにもみたないに違いない。72ホールのオープン・チャンピオンシップの優勝が一打差か二打差以上で決まることはめったにないが、それでいてほとんど常連といってもよい頻度で優勝する能力を示してきた何人かの人たちがいる。勝敗を分ける決定的な差が存在し、しかもその差がごく小さなものであるとすれば、短いマッチの連続はおそらく能力の真正なテストという必要条件をみたしていない。

わたしはまだチャンピオンシップにおける18ホール・マッチをどう考えるべきかわからない。それは大衆やジャーナリズムやプレーヤー自身がそれをどう見ているか——彼らがそのトーナメントをどれほど重く見ているかによって大きく異なると思う。そのトーナメントの目的が最高のゴルファーをチャンピオンに選ぶことであるならば、疑いもなく18ホール・マッチではその目的は達成されない。一方、もしもそれがプレーヤーたちには楽しみを、試合を見、それについて書かれた記事を読む人々には興奮とスリルを与えるための、楽しいゴルフの一週間を意図するものだったら、18ホール・マッチは理想的である。しかしなぜかわたし自身はチャンピオンシップをそれほど軽く扱うことができなかった。チャンピオンシップは招待トーナメントとは違うし、違わなければならないと思う。

わたしの若いころには、あらゆる重要な賞のなかで全英アマチュア選手権に勝つことが最も難しいと信じて疑わなかった。ストローク・プレーの予選ラウンドでもまだ数が減らない多数の出場者が、決勝戦まで18ホール・マッチをえんえんと戦い続ける。そして決勝戦だけは常に36ホールで戦われる。決勝戦までたどりつくためにはおそらく七つか八つの18ホール・マッチに勝たなくてはならない。毎年、出場者のなかにはほとんど無名でありながらときおり物すごいゴルフをする人間が何人もいるから、常に大番狂わせの可能性がある。全英アマの一週間は、本命選手にとってはまことにつらい試練の期間である。わたしはいつもトップ・プロだったらこの試練にどう耐えるか見てみたいものだと思ったものである。

Photo taken in 1929.

第十三章　コンセントレーション

コンセントレーションについて

昔ロング・アイランドのナショナル・ゴルフ・リンクスでプレーしたとき、わたしはたまたまドライバーが絶好調だった。一緒について回っていたクラブ・プロのアレックス・ジラードが、いつも望んだ場所へボールを打つためになにか注意していることはあるか、とわたしに質問した。わたしはショットの調子がよいときはいつも忘れないように心がけていることがひとつふたつあって、それを実行すればしばらくは成功間違いなしだと答えた。しかしその中身は常に同じではない。ひとつのアイディアは限られた期間しか有効でなく、魔力が消えてしまったらほかのものを探さなければならないと。アレックスは自分もまったく同じ経験をしたことを強調した。

　自分もまずまずのゴルファーではない理論家や解説者は、この点を見すごしてしまう。正しいゴルフ・スウィングを構成する連続的な動きをはっきり理解することは大いに価値がある。スウィングに欠点が生じたときに、それに気づいて矯正するために、最低それだけは必要である。だが正しい動きの連続を始めから終りまで頭で考えながら同時に実行することはだれにもできない。プレーヤー自身がそれに集中《コンセントレート》すればボールうまくをヒットできるアイディアを探すか、ひとつかふたつの動きを決めなければならない。やがて、ほかのなにかを犠牲にしてまでこのアイディアを過大評価したり強調しすぎるあまり、その効力が薄れてしまうと、別のアイディアを新たに探し始めなくてはならない。この過程でスウィングに変化が起きることは避けられない。それはもちろん基本部分の変化でも大規模な変化でもないが、図解で説明できる範囲を越えている。

基本のしっかりしたスウィングを持つ上級者が、そのスウィングからナイス・ショットを生みだす方法を探して絶えず手を変え品を変えしなければならないとしたら、そういうスウィングを持っていないアベレージ・ゴルファーはいったいどうすればよいのか？　ある程度信頼できる方法を手探りしている状態では、なんでもかんでも試してみたとしても不思議はないし、試してみるべきである。

スウィングのどこをいじり、どこをそっとしておくかを知ることが大切である。わたしは毎日の調整をおこなうときに、グリップをほんのわずかでも変えようと思ったことは一度もなかった。両手が必要な機能を果せるようにクラブを握ることは最重要事であり、なによりもまず正しいグリップを学ばなければならない。しかし、いったん正しいグリップを学んだら、手になじんだクラブのフィーリングを絶対に変えるべきではない。プレーヤーがクラブ・ヘッドの位置とクラブ・フェースの向きを感じとれるのは、グリップを通してだけである。しょっちゅうグリップを変えていたら、おそらくこの感覚を保持することは不可能だろう。右手をシャフトにかぶせたり開いたりすることで、一時的なフックまたはスライス傾向をなおそうとする大きな誘惑に駆られることがある。しかしこの誘惑に屈してはならない。もしもグリップが正しくないのならぜひとも変えるべきだが、変えるなら永久に変えてしまわなければならない。

フックまたはスライスを打つために足の位置を変える——つまりスタンスを変えることはかなりの程度まで許される。ボールの位置は両足の幅の範囲内でかなり大幅に動かしても構わない。こうした小さな変化は決して根本的なものではない。こういうことでは、理論的に正しいとされているスウィングにもある程度の幅がある。

ゴルフをやらない理論家や解説者にはほとんど理解できない重要なことがある。それは正しいスウィングをどう実行するかというプレーヤーのアイディアの重要性である。人が実際にやっていることよりも、それをやっているという感覚のほうが重要なことがよくある。その感覚というか経験は、行為そのものよりも記憶し反復することがはるかに易しい。

ストロークのどの部分であれ、なにかをやっているという感覚が生まれ、そのなにかがよい結果を生み続けるとき、あなたは頼りになるアイディアを見つけたのである。それは精神集中すべき対象であり、安定したゴルフをするためにはだれにでも必要なものである。最も健全なスウィングにさえ、好調を維持するためにはなんらかの簡単なコントロール装置が必要である。

どのラウンドも好不調という観点から見れば大きなギャンブルである、という言葉には少しも新味がない。ある午後のショットがどんな具合かやってみるまでわからないことはだれでも知っている。さらにいえば、ナイス・ショットを十七回続けたあと、十八回目が箸にも棒にもかからないひどいショットにならないという保証はない。ゴルファーはこの不確実性をゲームの一部として受けいれ、不確実だからこそますますゴルフを愛するようになる。

とはいえラウンドにおけるプレーヤーの満足度は、ミス・ショットをなくし、避けがたく彼のスウィングに入りこんでくる欠点を矯正する能力によって直接測られる。少なくともこの点では、すべてのゴルファーが同じ土俵に立っている。なぜならそれぞれの技量と期待値を考慮に入れれば、ミスを避け、欠点を矯正するという問題はダッファーにとっても上級者にとっても同じだからである。

技量の問題は完全に度外視し、ゴルファーの一人一人が無理なく到達できる水準があると仮定して、ときおり、またはたびたびその水準に達しない原因を探ることはおそらく無駄ではないだろう。もちろんこの場合、機械的、肉体的側面は完全に考慮の外である。われわれが知りたいのは、なぜジョン・スミスがサム・ブラウンほど上手にプレーできないのかではなく、なぜジョン・スミスはしばしば持てる技量を充分に発揮して実力通りプレーすることができないのか、ということである。

明らかに、ほかの変数をすべて除外した結果、あとはジョン・スミスの心しか目を向ける場所はなく、ジョン・スミスはもっと自分の心のなかをのぞいて見るべきである。

どんなゴルフ・ショットであれ、それを正しくプレーするために必要なのはゆるぎないコンセントレーションである。世界一完璧なスウィングにも多くの指示が必要で、そのスウィングの持主が頭のなかでやや低空飛行を始めると、かならずどこか調子が狂ってしまう。すべての能力が完璧に調和した状態は、第一級のプレーヤーたちにさえめったに訪れないが、彼らは絶えず自分自身を注意深く監視し続けることによって比較的長い間重大な欠点をシャット・アウトできる。彼らのコンセントレーションはときおり思いだしたように訪れるものではなく、どれほど簡単に見えるショットも含めてすべてのショットに及んでいる。

しかし過ちを免れない人間の本質が、ゆるぎないコンセントレーションを不可能にし、その結果ミス・ショットを避けられないものにする。最初のミスはしばしば二番目のミスにつながり、それが何度もくりかえされて土台がぐらつき、混乱が生じる。彼哀れな犠牲者は間もなくなにに精神集中すればよいのかわからなくなってしまう。彼がスウィングに関する知識と理解によって自分を救わなければならないのはそのときである。

かならずしも完璧なスウィングである必要はなく、彼自身のスウィングを理解し、知っていれば充分である。上達するチャンスをつかむためには、自分が取り戻そうとしている感覚を、少なくともその一部を知らなければならない。

もちろん、欠陥が生じてからそれを矯正するよりは欠陥をシャット・アウトするほうが望ましい。したがって、満足すべきコンセントレーションを維持できればそれにこしたことはない。しかし、最初から承知しておくほうがよいことがある。ゴルフをプレーし続けるかぎり、幸せな期間のあとにはかならず悲しみが訪れること、あらゆるスウィングは定期的にオーバーホールする必要があることである。

しかしラウンド中の完全なコンセントレーションの目的は、一打一打を完璧にプレーすることとは別のなにかをなしとげることである。コンセントレーションの力だけでは、技量の大きな不足を埋めあわせることも、凡庸なプレーヤーを本物の才能を持つプレーヤーのレベルまで引き上げることもできない。しかしチャンピオンとアベレージ・ゴルファーのフォームとショット・メイキングの能力には天地のへだたりがあるけれども、ある一点で両者がこれからラウンドを始めようとするときの問題は同じである。それぞれが望むものは自分にとってのよいラウンドであり、したがって両者の予想スコアの比較はまったく問題外である。

効率を高めるべし

われわれはスコアを縮めようとするときに新しいスウィング理論を重視しすぎて、すでに身につけているメカニカル能力を生かすべきなのに充分に生かしきっていないことをしばしば見落としてしまう。よいゴルフもまた、人間のやることがすべてそうであるように、人体の効率しだいであり、これは蒸気機関の場合と同じように一定で、有効に利用できる潜在的な力または能力のパーセンテージによって決定される。パワーの浪費をなくし、あらゆる力を生かして使うことが高い効率の秘密である。

すべてのゴルファーの能力は、個人差はあっても限られている。これは仕方のないことだが、すべてのゴルファーのスコアを縮めるのに役立つ、技術とは無関係な、常識的提案ができるのではないかと思う。

わたしが最初に学んだ重要な教訓は、メダル競技でそのことを学んだのだが、ワン・ラウンドのすべてのストロークが同じように重要で、どの一打も同じ密度のコンセントレーションに値するし、それを要求することだった。まだ経験が浅かったころ、わたしはいかにも簡単そうなショットのときに、決まって軽率なプレーをしてしまったものだった。広いフェアウェイや大きなグリーンは、わたしにとって常に最も苦手な標的だった。しかし確固たる目的を持って、完璧なコンセントレーションとともにプレーしないかぎり、どんなゴルフ・ショットも易しくはない。一打ごとに細心の注意を注ぐ最も簡単な方法は、完璧でなければ絶対に満足しない精神を養い育てることである。ボールをグリーンに乗せるのが易しく見えるときは、ただ乗せるだけでなくホールに近づけるよう努力し、容易に半径10フィート以内に乗せられそうなら、ピンにデッドに近づけるよう努力し、絶対に不可能でないかぎり常に最終目標であるホール・アウトを目ざして努力すべし。

ひとホールで7や8を叩いてみっともないスコアにしてしまう最も確実な方法は、腹を立てて自制心を失ってしまうことである。ドライバーをスライスさせたりアイアン・ショットを引っかけたりしたとき、クラブを投げ捨てて不運を呪ったとしても、ストロークはそれほど無駄にはならない。なぜならつぎのショットの前に立ちなおる時間があるからである。しかしバンカーのなかでルックアップして、ボールが一度で出ないときには、つぎのショットをする前に頭を冷やすほうがよい。

この世に忍耐ほど報われることの多い美徳はない。ふたたび、ハリー・ヴァードンがいっているように、「ボールを打ち続ける」べし。あなたが三打でバンカーに入れ、対戦相手が二打でグリーンに乗せたからといって諦めてはならない。バンカーからのチップ・インがあるかもしれないし、相手はスリー・パットするかもしれないではないか。もちろんたびたびあることではないが、絶対にないとはいえない。

かつてのわたしはたいそう早打ちのプレーヤーだった。だが一九二五年のメリオンで、ボールのそばに到着したあとあまりに急いで打ってしまうというそれだけの理由で、多くのミス・ショットを重ねていることに気がついた。とくにパッティング・グリーンでのミスが多かった。急ぎ足でグリーンにあがり、ギャラリーの群をかきわけて、まだ息切れがおさまらず、耳鳴りがしているうちに、ボールの上にかがみこんで性急にパットをしていたのである。

そのせいでミスをしていることに気がついて、どれだけ時間がかかっても、息切れがおさまるまで待ってからパットしようと決心した。そこでたっぷり時間をかけてパットのラインを読み始めた。実際はラインなど読んではいなかった。わたしの場合、最初の五秒間で読みとれるボールの転がりやはずみが、一分かければもっとよくわかるということはなかったからである。時間をかけたのは息切れがおさまるのを待つためだった。ごく自然になにかちょっとしたことをやるだけで、いかに神経を鎮静させる効果があるか、みなさんには想像もつかないだろう。煙草に火をつけたり、小枝を拾い上げたり、とにかく少し時間を稼げることならなんでもよい。

そしてこれはスルー・ザ・グリーンでのショットにも当てはまる。準備が整うまでは、ショット以外のほかのことを完全に頭から閉めだしてしまうまでは、決してボールを打ってはならない。

もうひとつ、しばしば役に立つことがある。ホールまでのラインを決めてボールにアドレスしたあとで、イメージがぼやけてラインを見失ってしまうことがよくある。そんなときにそのままパットすればかならずミスをする。アドレスを解いてもう一度最初からやりなおすこと。最初のままならチャンスはないが、二度目はカップに沈められるかもしれない。

ゴルフというゲームは、それをプレーし研究する人々に、さまざまな局面で不可解な問題を提起する。メンタル面の最も奇妙な一面が見られるのは、自信について考え始めるときである——自信の効果はなにか、どの程度の自信を持つべきか、そしてなにに自信を持つべきか——特定の相手に勝つ能力にかそれともショットをする能力にか？　われわれ多くの者が、一種類の自信がなければよいプレーはできないが、別の種類の自信がありすぎると負けてしまうことを知っている。

自信

どんなゴルファーにも好きなクラブ——傷だらけの古ぼけたスプーンやシャフトの曲がったマッシーなど——があって、それは二倍の重さの金塊にも換えがたいほど貴重である。彼はそのクラブと、それを使いこなす能力に自信を持っている。そして実際にそのクラブを持つとほかのどんなクラブよりもよいプレーをする。それは空想の産物ではない。彼はたんにそのクラブを持つとほかのクラブよりよいプレーができると考えるだけではなく、実際によいプレーをする。なぜならそのクラブに自信があるので、力まず、のびのびと、リズミカルにスウィングするからである。

上級者もこれと同じ自信の感覚を持っているが、彼が信頼するのは一本のクラブではなくすべてのクラブであり、逆に信頼できないクラブが一本あるかないかだろう。そして自分のスウィングに自信を持っている。自分を信頼してゆっくりボールをヒットする。第一級のゴルフにはこのような心構えが不可欠である。

どれほどすばらしいスウィングを持っていても、それを信頼しなければあまり役に立たない。どうでもよいときにはすばらしいプレーをするが、大事な試合になると崩れてしまうゴルファーが多い。そもそもよいプレーができるという事実は、基本的にはよいスウィングを持っている証拠である。だが自爆の原因は不安――自分のスウィングに自信が持てないことであって、そのためにほんとうに大事なことを自分のスウィングにまかせる気になれないのである。このような障害を前にすると、緊張がリラクゼーションにとってかわり、重圧がリズムを狂わせてしまう。世界一性能のよい機械でも、ベアリングに不安という砂粒がびっしり詰まっていたら用をなさない。

だれもが充分に持っていなければならない種類の自信がある。ゴルファーはボールの前に立って果敢にストロークしようとするとき、そのショットが成功することを知っていなければならない。スウィングすること、ピボットすること、ヒットすることを恐れてはならない。よいスウィングを解き放ってやるためには、それに伴って充分な自信がなければならない。

もう一つの別種類の自信はこれとは別物で、それは危険な自信である。ある意味で、それはプレーヤーが自分のショット・メイキングの能力をどう評価しているかということと多少は関係があるが、前述の自信とはまったく違う作用をする。この種の自信は、だれかと一緒にティーにあがったとき、「きみはなかなかのゴルファーだが、ぼくが一生懸命にいいゴルフをすれば、かろうじてきみに勝てるだろう」と思う程度に必要である。現実の不安を克服したり劣等感を払拭したりするのに必要なだけの自信は持たなくてはならないが、自信を持ちすぎて軽率になったり自信過剰に陥ったりしてはならない。

競技者として成功したゴルファーはみな例外なしに、特定の相手またはオープン・チャンピオンシップの出場者に対してある程度謙遜することを知っている。彼は自分がどんなによいプレーをしても、さらによいプレーをする者がいるかもしれないことを知っている。だから、すばらしいドライバー・ショットを放ち、正確なアイアン・

ショットを打ち、よいパットをすることに絶大な自信を持っているとしても、それで勝てると過信するならば、彼はただの愚か者にすぎない。クラブ、スウィングまたはショットに関する自信は、緊張と重圧を払いのけるがゆえにコンセントレーションを助ける。マッチまたはトーナメントの勝敗に関する自信過剰は、勝つために必要なコンセントレーションとハードな努力を不可能にしてしまう。

プレーヤーがバッグから使用するクラブを抜きもしないうちに、これからおこなうショットのイメージを思い描くことが可能な想像力の働きを、どれだけ重要視するかを決めるのは難しい。また、そのイメージがどれだけ完全であるべきかという問いに答えるのも難しい。永年経験を積んだゴルファーなら、旗をひと目見れば、どの一本のクラブまたは二本以上のクラブでその距離をカバーできるかがわかる。さらに風、地形、ハザードなどを考慮することにより、弾道つまりボールの高低、ストレートかフェードかドローかといったほかの要素が決定される。どんなショットにも必要な下準備は、使用クラブとプレーするショットの種類の決定である。事実上プレーヤーは、イメージした結果を問題に当てはめてみて、それがぴったり合うかどうかを試すだけである。

しかし決定がおこなわれ、いよいよボールにアドレスするときがきたら、芝や旗やバンカーのイメージを頭から追いださなくてはならない——ただし完全に追いだすのではなく、クラブを振ることに注意を集中できるくらいが望ましい。ブローの力――どれだけ強くヒットするか――はほぼ百パーセント直感で決まる。ボールを打つ強さと、ボールを旗に向かってまっすぐ飛ばすのに必要なクラブ・フェースの正確な向きだけでなく、ブローの強さの指標にもなるのが、頭の奥に残るこのイメージである。しかしそれから先はスウィングだけに集中しなければならない。

最上級者でさえスウィングを習慣と本能にまかせられることはめったにない。それ以外のときはいつも、ボディ・ターン、腰のシフト、リスト・コック等々、注意しなければならない点がいくつもある。彼にとって、自分のストロークの結果であるはずのナイス・ショットは魔法でもなんでもない。彼はこの喜ばしい結果を生むためにはクラブを正しくスウィングしなければならず、それがさしあたりしなければならない仕事であることを知っている。

なにが起きるかわからない

ゴルフ・マッチにおける不思議な出来事の実例を見つけるのは難しくない。運命のいたずらで確実と思われたホールやリードもふいにしたり、どう考えても手にする資格のない勝利が舞いこんだりしたケースをだれでも思いだすことができる。こういう出来事には技量はほとんど関係がない。

その種のあっと驚くような一例が、一九二五年にウースターでウィリー・マクファーレンとわたしが全米オープンのプレーオフを戦ったときに起きた。最初のプレーオフで、十四番ホールのティー・ショットが終ったときにウィリーが二打リードしていた。このホールで彼はみごとなティー・ショットを打ち、一方わたしのショットはチョロに近かった。ボールはラフで止まってしまい、スプーンでグリーンを狙った第二打はひどいスライスになって、またもやフラッグから約100ヤードのラフにつかまった。ウィリーが第二打をホールから15フィートにナイス・オンしたとき、わたしの望みは完全に消えたかに見えた。すでに二打リードされていたわたしは、さらに一打、おそらくは二打リードを拡げられることが必至で、残すところわずか四ホールではそれで勝負はほぼ決まりだった。

わたしはそんなことを考えながらボールに近づいた。諦める覚悟ができていた。だがニブリックのピッチ・ショットがグリーンに落ちてまっすぐにカップに転がりこむバーディになった。これを見ておそらく動揺したウィリーは、リードを拡げようとするのではなくそれを守ろうとして、ファースト・パットを1ヤードほどオーバーさせ、返しもミスしてしまった。わたしは二打失うかわりに二打取りかえし、おかげで最初のプレーオフをイーブンに持ちこむことができた。結局二度目のプレーオフではウィリーに負けてしまったが。

技量はこういう出来事とはほとんどなんの関係もない。この一打でホール・アウトしなければならないという状況では、ハンディキャップが10か12のプレーヤーとプロの間で、成功の確率はほとんど変りないだろう。ホールインワンの記録がこのことを証明している。上級者一人に対してアベレージ・ゴルファー百人の割合でホールインワンが生まれている。

要するに日頃の心構えが大切である。いつかはこのような幸運が訪れることを期待して、努力を続け、ボールを打ち続けなければならない。だがその一方で、対戦相手が同じような幸運で自分を驚かせることに対して、常に警戒を怠ってはならない。リードしていようがされていようが、バンカーに入ったのがあなたのボールであろうが敵のボールであろうが、いつなにが起きるかわからない。

Photo taken in 1932.

第十四章

オン・ゴルフ

運不運にこだわるな

プレーヤーがボールの上または下に立たなければならないアップヒル・ライやダウンヒル・ライ、ボールをすばやく上げなければならないくぼ地の悪いライなどは、上級者のチャンスがふくらむ難しいショットである。その反面、無限の変化に富むこの種のショットにしばしば遭遇するからこそ、ゴルフは限りなく楽しいものになる。

まさにこの理由で、海岸の土地はゴルフ・コースを作るのに最適と考えられる。そこでは起伏するフェアウェイがバンカーとは別の難しさをそなえ、内陸のコースではめったに必要としない高度の技を要求する。こうしたリンクスをプレーするゴルファーは、その難しさを認識し、それを克服するための努力を楽しむことを学ぶ。このような難しいライにしばしば遭遇すると、彼らはボールがそういうライに止まるたびに自分の不運を嘆くかわりに、それを適正なコースの好ましい特徴と考えるようになる。

わたしがこのような態度を理解するようになったのは、初めてセント・アンドルーズを訪れたときだったと思う。全英オープンの前にアメリカ人プロ二人と、その年のアメリカ・アマチュア・チームの同僚メンバー一人と一緒に練習ラウンドをしたとき、クラブ・メンバーと町の住民からなる少数のギャラリーがついた。彼らは全員ゴルファーだった。わたしはフェアウェイのありふれたライからのショットはギャラリーがなんの反応も示さず、ときおりボールがいつもよりホールに近づいて止まったときだけ、控えめな「ウェル・プレード」や「ウェル・ダン」の声が沈黙を破るのを不思議に思った記憶がある。それはアメリカのギャラリーの態度とはあまりにも大きくかけはなれていた。しかしわれわれの一人がトリッキーなライからスプーンまたはブラッシーでナイス・ショットをすると、ギャラリーは熱狂した。やがてわたしは気がついた。ゴルフを熟知しているイギリスの友人たちは、一流のプレーヤーならかなり高い確率で打てるはずのたんなるナイス・ショットぐらいではエキサイトしないことに。おそらくわれわれがその程度のプレーもできないのに、全英オープンに出場するためにはるばるやってくるはずがないと考えたのだろう。しかし特別難しいショットに成功したときは拍手喝采を惜しまなかった。

ついでにいうと、難しいライをゲームの一部として受けいれる習慣を養うことによって、われわれはゴルフのプレーからより大きな楽しみを得ることができる。それは、どのショットでもボールのライと難しさがいつも同じな練習場のティーからボールを打つことに、われわれが飽きあきしていることを思いださせてくれる。

ウォルター・ヘーゲンが偉大な競技者であった理由のひとつは、ゴルフの運不運が彼の前に投げだすかもしれない問題を甘んじて受けいれる習慣が身についていることだった。あるときギャラリーの一人が、キックが悪くて深いラフに転がりこんでしまったウォルターのボールのそばに立って、近づいてきた彼に運が悪かったねと話しかけた。「しかし」と、ウォルターは笑いながら答えた。

「ボールがここにある以上、わたしはここからプレーしなきゃならないさ」

スコアを縮めようとする不断の努力はきわめて自然だが、にもかかわらずそれはゴルフを楽しむ能力をある程度損なってしまう。ゴルファーがスコア・カードと鉛筆の奴隷になってしまうと、予想をはるかに上まわって大叩きしたラウンドをまったくの無駄とみなす傾向がある。スコア・カードの数字だけを目安にゴルフを楽しむようになると、出だしが悪ければ楽しい午後をすごす可能性が一挙に吹っとんでしまうだろう。

ゴルフを楽しむ最良の方法は、スコアではなくショットに喜びを見いだすことである。グリーンへのブラッシー・ショットは、トラブルからのリカバリーのあとでも完璧なドライバー・ショットのあとでも同じように面白い。この態度を養うことによって、やがてふつうとは少し異なるなにかをなしとげる可能性のある、例外的な状況を歓迎するようになる。そしてさらに、このような態度自体がよりよい結果をもたらすことになる。なぜならそれが興味を持続させ、最後まで努力を続けさせるからである。

風のなかのプレー

競技ゴルファーはあらゆる天候に耐えてそれを乗り越えなければならない。メダル・プレーのラウンド中に風雨を避けてシェルターに入ろうものなら、たちどころに失格してしまうからである。わたしは十四年間の競技生活中、人なみにさまざまな天候のもとでプレーしてきたが、サンドウィッチでセント・ジョージズ杯を競ってプレーしたあの日に多少とも近い天候はいまだかつて経験したことがない。アメリカのプレーヤーたちにとっては、聖ジョージが退治した火を吐くドラゴン、または暖かさを約束するものならなんであれ大歓迎だった。

その朝目をさまし、窓から荒れ狂うイギリス海峡を眺め、窓枠の下で唸る風の音を聞いたときに、頭に浮かんだ考えを覚えている。そのあたりの海岸の荒々しい天候の話は聞いていたが、なぜかそれをゴルフと結びつけては考えなかった。その朝のゴルフと風の結びつきはあまりにも密接すぎて、とても心穏やかではいられなかった。

ふつうのコンディションのもとでは、というよりアメリカ人がふつうと考えるコンディションのもとでは、セント・ジョージズは極端に難しいコースではない。たしかにファースト・ナインはトリッキーで、プレーヤーに錯覚を与えやすいし、セカンド・ナインはかなり距離が長いが、全体として見ればここでのスコア・メイキングは針の穴を通すような正確さを要求しない。だがサンドウィッチ特有の風が吹き始めると、状況は一変する。この日の出場者のなかには、ウォーカー・カップのアメリカ・チームとイギリス・チームのメンバー全員に加えて、グレート・ブリテンの名だたるアマチュアのほぼ全員が顔を揃えていた。試合前日、わたし自身練習ラウンドで苦もなく73を出していた。ところが、錚々たるプレーヤーが揃った出場者中、午前中のラウンドの最少スコアは80、午後のラウンドのそれは78で、その両方を出したチャールズ・ヘズレット少佐が優勝した。

わたしは以前からティー・ショットの飛距離を20ヤードから25ヤード減らしてしまうほど強い風が嫌いだった。サンドウィッチの強風ときたらボールを押し戻すだけでなく、ボールをヒットするまで立っていられないほど強かった。プレーヤーは風に向かって体を傾けなければバランスが保てないし、スウィング中はクラブが風で両手からもぎとられてしまいそうだった。ふだんよりいかに難しかったかの一例として思いだすのは、前日は全員がドライバーとスリー・アイアンでグリーンをとらえていたサハラ・ホールで、ドライバーのフル・ショット、巨大バンカーの手前に刻むショット、バンカー越えのブラッシー・ショット、そしてグリーンへのチップまたはランナップが必要だったことである。

出場者の一人にじつにおかしな事件が起きた。たしかジェシー・ギルフォードだったと思うが、彼の九番グリーンへのアプローチがグリーンの右エッジを取り巻くマウンドのてっぺんに危っかしく止まった。ジェシーがパターで寄せるためにボールにアドレスした。するとパターのブレードが風をさえぎったために、ボールが動きだしてラフまで転がった。ジェシーはパターを八番アイアンに持ちかえなければならず、ひどく興ざめした様子だった。

ほどほどの風は理想的な技量のテストになる。風のなかのプレーでは、ショットをコントロールし、頭を使って自然の威力がもたらす困難を克服するプレーヤーが文句なしに優位に立つ。しかし強風が吹き荒れるなかでも同じことがいえるかどうかはわからない。そういう状況では、真に試されるのは技量ではなく気質であり、報酬を手にするのは冷静沈着にこつこつと努力し、自分自身や努力の結果に腹を立てないプレーヤーである。このような条件下では80ならよいスコアだと考えられる人間は、自然の力をねじふせて強風のなかで70台前半のスコアを出そうとする野心家を大きくリードしている。

難しいコンディション

ゴルフ・コースでコンスタントによいスコアを出すためには、よいスウィング以外の多くのものが必要である。ゲームの少なからぬ部分は耳と耳の間でプレーされる。つまり思考力と経験にもとづく判断力は、しばしばメカニカルな技量に劣らず重要である。以下は練習場ではお目にかかれない実際のプレーのいくつかの条件をみたすのに役立つのではないかと思われる若干の考察と助言である。

追い風はボールのバックスピンを殺し、ボールを早く着地させて野ウサギのように走らせる傾向がある。追い風のなかでグリーンに向けてプレーするときは、バックスピンでボールが止まることをあまり期待できない。唯一の望みは高いボールを打つことだが、それもグリーンが水を吸ってやわらかくなっていなければあまり効果はない。したがって、手前から攻めてランを計算する方法がベストである。バンカーまたはほかの障害物を越えなければならないときは、ロフトのあるクラブを使うべし。風の助けを借りて必要な距離が出せるクラブではなく、それよりひとつ短いクラブを選んでボールを強くヒットするほうがよい。追い風のなかでショート・ホールをプレーするときは、低いペグ・ティーを使うこと。そうすれば芝の干渉を受けずにクリーンにボールを打てるので、ある程度のバックスピンがかかる可能性がある。

同じことがやわらかい草やクローバーのなかの厄介なライからのショットについてもいえる。このショットもやはりボールを止めるのは難しく、ロフトのあるクラブでも強打しなければならない。いずれにしてもグリーンが多少とも固くしまっていて、ぐるりをバンカーに囲まれていたら、ボールをグリーン上に止めることはまず難しいだろう。だがチャンスはこの打ち方にしかない。

向い風はバックスピンを強調するので、ボールがフライトの終りでピークに達する傾向がある。向い風のなかのハイ・ピッチはコントロールがきわめて難しい。こういうときはより大きなクラブでボールを低く抑えるのがよい。フェアウェイのよいライからなら、ボールまでしっかりボールを打ってもオーバーする心配はない。強い向い風のなかではコンクリートのうえでもボールを止められるといってもよいほどである。

最も多く見られるスライス傾向は、クラブ・フェースがストレートになるにつれて拍車がかかる。いいかえれば、多くのプレーヤーはストレート・フェースのクラブを持つと、ロフトのあるクラブを持ったときよりもスライスが出やすいか、スライスが増幅される傾向がある。だから、右から左に横風が吹いているときは、たいていの場合一番手大きなクラブを選ぶほうがよい結果が得られる。逆に左から右へ横風が吹いているときは、一番手小さなクラブでフル・スウィングするほうが効果がある。ただし、明らかにこれはどんな場合にも当てはまるわけではない。しかしわたしの観察によれば、これが基本原則であり、それを知っていれば大いに役に立つ。

もちろんここまでは距離よりもコントロールが重視されるグリーンへのショットに関する助言である。追い風のなかのボールは当然向い風のなかのボールよりもランが多い。ティー・ショットでは多くのプレーヤーが距離を稼ぐために風を利用する。わたしならいつもより少しばかり遠くへ飛ばそうとするよりはボールをフェアウェイにキープするほうが賢明だと思う。風に乗ったボールがひどくフックしたりスライスしたりすれば、あなたのボールは、かりに見つかったとしてもはるか彼方にあるだろう。

最後に一言、向い風のティー・ショットをダウンブローで叩きすぎてはならない。ダウンブローでヒットするとバックスピンが生じる。すると最初はボールが低く飛び出して、玄人《くろうと》っぽいすばらしいショットに見えるが、フライトの終り近くで上昇してピークに達し、ほとんど勢いを失って垂直に落下する。向い風のなかでさえ距離が出るのは後方からスクエアに、またはわずかにアッパーブローに打たれたボールである。このショットは風で吹き上がらずに突き進み、着地したあともまだ余力を残している。

コース設計について

あらゆるゴルファーがある特定のコースに特別な愛着を持っている。改めて考えてみるまでもなく、そのコースをプレーするほうがほかのコースをプレーするよりも楽しめることに気がつく。すばらしいコースをより楽しめるものにしている特徴を発見し、それを利用するのがコース設計者と造成業者の仕事である。

わたしにいわせれば、多くのコースが難しさだけを念頭においてつくられており、上級者さえ寄せつけない難コースを作ろうとする試みのなかで、金を払ってプレーするアベレージ・ゴルファーの存在は完全に無視されている。コース・レイアウトの価値が、アンダー・パーで回るかコース・レコードを破ろうとするプロの挑戦にどれだけよく耐えたかで測られることがあまりにも多すぎる。

あらゆるゴルフ・コースはプレーヤーを、しかも能力のいかんにかかわらずできるだけ多くのプレーヤーを楽しませることを第一目的とすべきである。ゴルファーの一人一人に、可能なかぎり興味深い課題が提示されるべきだが、その課題はまったく太刀打ちできないほど難しいものであってはならない。目標となるなにかが必要だが、それは常に無理なく達成できる目標でなくてはならない。

未熟なプレーヤーから見れば、ベスト・ショットを放っても不可能なキャリーを必要とし、しかもそれに代わる別ルートがないレイアウトほど興ざめなものはない。そういう状況ではゴルファーにはなんらなす術《すべ》がない。なぜなら飛距離不足という欠点を正確さまたは判断力で補うチャンスが彼には与えられていないからである。彼に示されるはずの課題は、なんの楽しみも期待できないとしたら課題ですらなくなってしまう。

キャリー・ボールが必要なレイアウトには、二つの条件が欠かせない。まず第一に、リスクを冒したくない人のために別ルートが存在しなければならない。第二に、冒険をして成功した人には褒賞が与えられるべきである。別ルートがなければこのレイアウトはアンフェアだし、褒賞がなければそれは無意味である。

理想的なゴルフ・コースはメカニカルな技術だけでなく、頭を使ったプレーを要求する。でなければプレーヤーの興味をつなぎ止めることができない。完璧なコース・デザインは、一打一打の正しいプレースメントに褒賞を与えることによって、正確なヒッティングのみならず適切な判断にも報いるべきである。ロング・ドライブは有利には違いないが、方向性の悪いロング・ドライブには罰が与えられなければならない。

よいティー・ショットと悪いティー・ショットの差を拡げる方法は二つある。ひとつは悪いショットに直接ひびく厳罰を科し、そのショットを打った犯人を、バンカーまたはリカバリーに一打の犠牲を要するほかのトラブルに陥れる方法である。もうひとつはドライバー・ショットのよさに比例して第二打が易しくなるように、よいショットに褒賞を与える方法である。この褒賞はどんな性質のものでもよいが、より一般的なのは、グリーンへの見通しがよいこと、スロープを攻めるアングルが容易であること、アプローチのラインがグリーンをガードするハザードにかからないことのいずれかである。こうしてベスト・ポジションに打たれたロング・ドライブには――おそらく威圧的なバンカーをあえて避けなかった勇気あるショットだろう――最高の恩恵が与えられるが、それよりは劣るドライバー・ショットにも、まれに見るすばらしいセカンド・ショットによって追いつくチャンスはまだ残されている。

こうした原則を念頭において作られたコースは、プレーヤーがその能力に応じて挑戦できる課題を提示するから、面白くプレーできるはずである。それはダッファーには手も足も出ないコースではないし、上級者にはスリルも面白味もないコースでもない。そしてセント・アンドルーズのオールド・コースのように、研究を重ね、プレーの回数を重ねれば重ねるほど楽しみが増す。

かつてわたしがUSGAグリーン部会調査委員会から受け取った手紙に、つぎのような一節があった。「われわれはパッティング・グリーンの状態を維持する難しさの原因の大半は、過剰な水の使用にあると考えております。グリーンキーパーたちやグリーン委員会は、ゴルファーたちがやわらかいグリーンを望むので、自衛のためにそうしているのだと指摘しております」。わたしはこの問題を純粋にプレーヤーの立場から見て、グリーン面をソフトというか水を吸ってじめじめした状態にすることをどう思うかと質問されたのだった。

この国のゴルファーの大部分がひじょうにやわらかいグリーンを好むことはほとんど疑いない。そういうグリーンではあらゆるレベルのプレーヤーにとってゴルフがぐんと易しくなるし、この国のトーナメント・スコアが例外なくイギリス諸島のシーサイド・リンクスよりも低いのは、グリーンのやわらかさによるところが大きい。この違いが生じる原因は、しばしば指摘されるシーサイドの強風よりもむしろグリーンのやわらかさである。結局、風は毎日吹くわけではないのだから。

どちらがどちらを誘発したのか、あるいはどちらがニワトリか卵かわたしにはわからないが、アメリカ人が好むものの代表格二つ、パッティング・グリーンのすぐ近くに配置されたグリーン・バンカー群と、ホールバックスピンの有無にかかわらずどんなピッチ・ショットでも止めてしまうやわらかいグリーンと、の間には密接な関係がある。グリーンに近接したバンカーの配置は、そのホールがプレヤブルであるためにはやわらかいグリーンを必要とするし、逆に易しいピッチ・ショットは、ターゲットの範囲を狭めなければまったくテストにならない。

どちらが原因であるにせよ、わたしはこの二つのアメリカ流にともに反対である。アメリカのゴルフ・コースが概してブリティッシュ・リンクスの微妙な味わいに欠け、アメリカのゴルフが本来あるべき戦略と頭脳的なプランニングを要求しない原因は、この二つにあると思う。わたしの考えでは、適切にデザインされたホールは、プレーヤーがおこなうべき一打一打にテストを課すべきである。ティー・ショットの正確で頭脳的なプレースメントは常に明らかな利点で報われるべきであり、障害物をクリアする長くて方向性のよいキャリー・ボールには褒賞が与えられるべきである。この利点または褒賞は、セカンド・ショットでのより易しくてオープンなルートという形をとる。しかしグリーンにたっぷりの水を吸わせれば、ホールのデザインが意図したこの利点はゼロになってしまう。

わたしはどんな場合にもピッチ・ショットよりはランニングでグリーンへ転がしあげるショットのほうがよいとは思わない。しかしグリーンの左手前にわざわざバンカーを配置してフェアウェイ右サイドにティー・ショットを打たせようとするとき、グリーンにたっぷり水を吸わせることによってその狙いをぶちこわし、バンカー越えのどんなピッチ・ショットでも止まるようにしてしまうのは無意味ではないだろうか。わが国の上級ゴルファーたちは、ロング・アイアンやスプーンやブラッシーでじかにホールを狙って打ってくる習慣がある。こんな芸当が可能だとすれば、設計者は彼らがティー・ショットをどこへ打とうかと頭を悩ますことを期待できない。

わたしの考えでは、理想的なグリーンとは正しく打たれたピッチ・ショットが止まる程度のやわらかさのグリーンである――しかもショットが〝止まる〟というのは、落下地点からほんの数フィートしか転がらないという意味ではない。設計者の意図を生かすためには、ティー・ショットの置き場所を間違えたプレーヤーがペナルティを免れないようなコンディションを作りださなければならない。

このことに関連して、われわれに最も必要なことのひとつは、フェアウェイの芝、またはグリーン手前の地面をもっと信頼のおけるものにする処置だと思う。グリーン自体がもっと固くなれば、ときにはボールをグリーン手前に落として残りの距離を転がすことが必要になる。わたしはなんの心配もなくこういうプレーができるコースをごくわずかしか知らない。

第十五章　結び

結び

ここまで本書は、序文を除いて、わたしが三十年かそれ以上も前に書いた文章で構成されていて、それらの文章の主な目的は、正しいゴルフ・スウィングとはなにかというわたしの考えと、ゴルフのプレーに影響するものの考え方を記録することだった。この章では、過去三十年間にゴルフの世界で起きたことについての、わたしなりの印象をざっと述べることにしたい。この三十年間はゴルフにとって最も実り多い期間だったとわたしは信じている。

この期間がゴルフの歴史上最もすぐれたプレーヤーの何人かを生みだしたことは疑う余地がない。記録的なロー・スコアは珍しくなくなったし、トーナメント・プレーヤーたちの一般的な技術レベルは一貫して向上してきた。毎年すぐれたプレーヤーが新たに出現し、競争はますます熾烈さを加えている。

ゴルフは多くの点で易しいゲームになった。グリーンキーピングの方法は進歩した。ゴルフ・コースにより適したハイブリッドの芝が開発された。人工的な撒水装置が広く普及した。コース設計家たちが多くのすばらしい新コースを作り、昔からある人気コースのいくつかを現代風に改造した。これらもろもろの影響で、フェアウェイは昔よりよくなり、グリーン面は均一で信頼がおけるようになり、全体としてコースはより面白くプレーできるようになった。かくてゴルフが昔よりポピュラーで魅力的なゲームとなったのも故なしとしない。

今日ではアメリカの内陸のゴルフとイギリスのシーサイド・ゴルフの間に、もはや大きな違いはないように思われる。わたしが前章を執筆して以来、わが国のゴルフ・コースは大幅に改善された。新しいコースの多くは広大なグリーンを持ち、グリーンキーパーはもはやグリーンにたっぷり水を吸わせなくてもよくなった。

その反面、イギリスの芝の状態はアメリカのそれに近くなったように思われる。わたしが一九五八年にアイゼンハワー・カップのチームと一緒にセント・アンドルーズを訪れたとき、オールド・コースで目についた最も大きな変化は芝のみずみずしさが昔より増したことだった。かつてフェアウェイはボールがたいそうよく転がり、グリーンはもっと固くしまっていた。そのようなコンディションはアメリカのプレーヤーにはまったく馴染みのないテクニックを要求した。今やフェアウェイの芝は厚みを増し、グリーンはボールが止まりやすくなった。イギリスの友人の手紙でも裏づけられたこの観察から、わたしは昔われわれが知っていたイギリスのシーサイド・ゴルフはもはや存在しないのではないかと思うようになった。

われわれは過去三十年間に、かつてお目にかかったことがないほどすぐれたゴルファーたちをこの国で生みだしたが、だからといってアメリカはもはや世界最強のゴルフ大国として安閑としてはいられない。また、イギリスと並んでゴルフの二大強国というわけでもない。とくに南アフリカとオーストラリアは今や挑戦者以上の存在であり、むしろわれわれがあとから追いかける立場にある。それ以外の国々が競争に割りこんでくるのも、それほど先のことではあるまい。これらすべてはゴルフの発展にとって健全なことだとわたしは思う。

近代ゴルフをきびしい目で見るならば、ティーからグリーンまでのプレーでは、現代のプレーヤーがわたしの時代のおよそ一ダースのトップ・プレーヤーたちよりも格段にすぐれていることを示す違いはほとんど見当らない。たしかにドライバー・ショットの距離はいくぶんかのびたし、スルー・ザ・グリーンのショットは正確さを増している。それにはスチール・シャフトが大きく貢献しているが、今日のトーナメント・プレーヤーがトーナメントでプレーする機会が昔よりはるかに多いこともかなり大きくあずかっていると思う。わたしの時代にはプロでさえ夏の間はほとんどクラブの仕事にかかりっきりだった。

その一方で、グリーンにあがったとたんに今日のゴルファーは魔術師になる。わたしはアメリカのトーナメント・プレーヤーたちが見せてくれているようなパッティングを、この目で見る日がくるとは夢にも思わなかった。われわれはワン・ラウンド平均32、33のパット数なら、トーナメントの優勝者として申し分ないと考えていたものだが、今ではその数が28か27、ときには26まで減ることも珍しくない。そのことがスコアリングに与える影響はいわずもがなである。ときおりプレーヤーが25フィートから30フィートのパットを沈めそこなったとき、テレビ・カメラの前で口惜しそうな表情を浮かべるのを見ると、羨ましいとは思いながらもつい笑ってしまうことがある。わたしの同時代のプレーヤーなら、同じ距離のパットを、つぎの一打で確実にホールアウトできる距離まで近づけただけで大喜びしたことだろう。

ここでもグリーン面の改善が大きく寄与していることは大いに考えられるが、プレーヤー自身のパッティング技術の向上によるところがそれよりはるかに大きいとわたしは思う。

近代ゴルフ、とくにトーナメントでわたしが好ましくないと思うことは、グリーン上でボールをピック・アップして拭く回数の多さである。かつてはティーから打ちだしたイン・プレーのボールには、カップから取りだすまでいっさい手を触れないというのがゴルフというゲームの基本原則だった。この原則からの逸脱にはしかるべき理由がなければならなかった。もちろんその理由のひとつが、ストローク・プレーでは、同伴競技者のプレーの障害を取りのぞくことである。だがプレーヤーはこの目的でボールをピック・アップするとき、常に正確に元の場所にリプレースできるよう細心の注意を払い、ボールの表面に付着した泥やほかのものがそのまま残るようにしたものだった。ほかのプレーヤーのパッティング・ラインからピック・アップされたボールは、ポケットに入れたりグリーン上を転がしたりしてはならず、リプレースするまで二本の指で注意深くつまれていたものだった。

現代アメリカのコースのすばらしいコンディションを考えれば、プレーの妨げとなる泥がしょっちゅうボールにつくとは思えない。地面または天候の異常なコンディションには、特別ルールで対処できる。ボールのひんぱんなピック・アップとクリーニングをなくせば、プレーがスピード・アップされてプレーヤーにとっても観客にとってもプラスになるだろう。

わたしはここで、過去三十年間の偉大なプレーヤーたちを値踏みしてみたい誘惑に駆られるが、彼らの一人一人をよく知っているし、彼らの能力、彼らの業績へのプライドを深く尊敬しているので、そのなかの一人か二人がほかの人たちよりすぐれているという気にはなれない。いずれにせよ、そういう評価は判定のきわめて難しい問題に関する一個人の意見でしかない。

むしろわれわれは彼ら全員のゴルフへの貢献に感謝すべきであり、トップ・プレーヤーたちは持てる才能から豊かな報酬を刈りとったとはいえ、同時にゴルフに大きな刺激を与えて、このゲームをアベレージ・ゴルファーにとってこれまで以上に楽しめる魅力的な娯楽にしたことに気づくべきである、とだけいっておこう。結局ゴルフを支えているのはこの人たち、アベレージ・ゴルファーなのだから。

訳者あとがき

万巻のゴルフ・レッスン書を読んでもあなたのゴルフが上達する見込みはまったくないが、そのことに気がつくためには万巻のレッスン書を読まなければならない、というジョークがある。

ゴルフをするのも、ゴルフに関する書物を読むのも大好きだが、なぜかレッスン書にだけはまったく興味がない。三十数年前にゴルフを始めたとき、ひととおりの基本だけは本を読んで覚えたが、それ以後万巻はおろかレッスン書の類にはとんとごぶさたのますごしてきた。

原書が刊行されてからでさえ三十六年、そのもとになった新聞コラムが執筆されてからではおよそ七十年もたつ本書を、現在の視点からどう読み、評価するかは読者のみなさんにおまかせするとして、訳者としてお断りしておかなくてはならないことがある。

そのひとつは編集部の要請に従って、内容的に重複すると思われるところを中心に全体の約一割を削ったこと。ページ数の制約があってやむをえなかったのだが、もともと原書自体がこの何倍もの分量のなかから編まれたものだから、一部削除も致命的な瑕疵にはならないと思う。

もうひとつ原書ではボールから右への動きをbackward、左への動きをforwardと表現している。右左が逆になってしまう左打ちゴルファーへの配慮からこの語を使ったことが明らかで、当然ボールの後方、前方と訳すべきところだが、プレーヤーの前面（front）および背後（rear）との混同を避けるために、訳書では右、左という語を使った。左打ちゴルファーのみなさんには頭のなかで右、左を置きかえていただきたい。

二〇〇二年三月

永井　淳

※本書は２００２年４月、２０１１年12月に、小社より刊行されたものに写真を加えた新装版です。

ボビー・ジョーンズ *- Robert Tyre Jones, Jr. -*

1902年、米国ジョージア州アトランタ生まれ。9歳でジュニア競技にデビュー。1923年、21歳で全米オープン優勝後、メジャー競技に13勝。1930年、年間グランドスラムを達成後、28歳の若さで引退。翌年、A・マッケンジーとオーガスタ・ナショナルGCの造成に着手。34年、マスターズ・トーナメントの第1回大会となる招待競技を開催。球聖として世界中のゴルファーから尊敬されている。

永井　淳 *- Jun Nagai-*

1935年、秋田県生まれ。埼玉大卒業後、出版社勤務を経て翻訳家に。アーサー・ヘイリー、スティーヴン・キング、ジェフリー・アーチャーなどの翻訳多数。最強のプロ対最強のアマの名勝負を描いた『ザ・ゴルフマッチ――サイプレス・ポイントの奇跡』(小社刊) を最後の訳業として2009年6月4日逝去。

Choice選書

ボビー・ジョーンズ ゴルフのすべて

2021年11月1日　初版発行

著　　者　ボビー・ジョーンズ
訳　　者　永井　淳
発 行 者　木村　玄一
発 行 所　ゴルフダイジェスト社
〒105-8670　東京都港区新橋6-18-5
電話03-3432-4411(代表)　03-3431-3060(販売)
e-mail gbook@golf-digest.co.jp
URL　http://www.golfdigest.co.jp/digest
組　　版　スタジオパトリ
印刷・製本　大日本印刷

定価はカバーに表記してあります。乱丁、落丁の本がございましたら、
小社販売部までお送りください。送料小社負担でお取り替えいたします。

©2021 Yoshiko Sudo, Printed in Japan
ISBN978-4-7728-4196-2 C2705